Studierende mit Behinderungen und chronischen Erkrankungen an Universitäten und Hochschulen

AF139019

Edith Staud, Michael Staud

2015

Bibliographische Information der Deutschen Nationalbibliothek

Die Deutsche Nationalbibliothek verzeichnet diese Publikation in der Deutschen Nationalbibliografie; detaillierte bibliografische Daten sind im Internet über dnb.dnb.de abrufbar.

ISBN 978-3-739221045
Zweite Auflage
Alle Rechte vorbehalten
Herstellung und Verlag:
BoD - Books on Demand, Norderstedt

Inhaltsverzeichnis

1 Einleitung

Wer behinderte Schüler und Schülerinnen unterrichtet, dessen Fernziel wird ihre Integration in die Gesellschaft sein. Das Schulsystem für behinderte Schüler ist in der Bundesrepublik Deutschland sehr gut ausgebaut und auch der Gesetzgeber hat nach meiner Ansicht eine gute gesetzliche Grundlage geschaffen um die Belange der Behinderten zu berücksichtigen. Es stellt sich aber nun die Frage, wie behinderte Studenten und Studentinnen an Hochschulen und Universitäten zurechtkommen, da sie dort nicht mehr wie in der Schule durch Fachkräfte begleitet werden und in einer Gruppe oder Klasse lernen, die ihre persönliche Problematik kennt und darauf Rücksicht nehmen kann. Der gesetzliche Rahmen ist, wie schon erwähnt vorgegeben, aber es stellt sich die Frage, ob dies auch berücksichtigt und entsprechend umgesetzt wird.

Um im Rahmen dieses Buches möglichst ausführliche Informationen zu geben, möchte ich zunächst in Kapitel 2 klären, was unter Behinderung zu verstehen ist. Behinderte Menschen gab es wahrscheinlich, seit es Menschen gibt, und je nach Gesellschaft wurde und wird Behinderung verschieden definiert und das Verhalten gegenüber Behinderten ist auch recht unterschiedlich. Diese gesellschaftlichen Reaktionen werden im folgenden Kapitel über Behinderung und Gesellschaft beschrieben. In Kapitel 4 wird dann der Begriff der Integration, was Ziel der Rehabilitation ist, beschrieben.

Die gesetzlichen Regelungen, die in Kapitel 5 beschrieben werden, sollen eine Benachteiligung und Ausgrenzung wegen Behinderung vermeiden. Auch Kapitel 6 beschäftigt sich mit dieser Problematik, allerdings bezogen auf den Hochschulbereich. Im folgenden Kapitel möchte ich mich dem Nachteilsausgleich im Studium und bei den Prüfungen widmen und es wird dazu ein praktisches Beispiel vorgestellt.

Dann folgt das Kapitel über die Behindertenbeauftragten. Ansprechen möchte ich dabei ihre Aufgaben und ihre Vermittlerrolle zur Umsetzung der gesetzlichen Vorschriften. Um einen Hinweis zu finden, ob sie im Rahmen ihres Berufes bereits für diese Aufgabe ausgebildet wurden, habe ich mit Hilfe der Liste der Behindertenbeauftragten des Deutschen Studentenwerkes im Internet recherchiert und die Berufsausbildung oder den ausgeübten Beruf ermittelt, sofern dies möglich war. Die Ergebnisse werden dann vorgestellt. Auch habe ich eine geringe Anzahl der Behindertenbeauftragten befragt, aber diese Ergebnisse können nicht als wissenschaftliche Studie angesehen werden, denn dazu war die Stichprobe viel zu klein und den Ergebnissen kann daher keine Allgemeingültigkeit zugesprochen werden. Diese Ergebnisse werden auch nur zusammengefasst dargestellt. Wichtiger war mir in diesem Zusammenhang, wie an dem praktischen Beispiel eines abgelehnten Nachteilsausgleichs aufgezeigt wird, darzustellen, dass ein Studium mit Behinderung eine deutlich höhere Belastung für den Betroffenen sein kann und welche Auswirkungen dies im Einzelfall haben kann.

Kapitel 9 dient der Zusammenfassung und vielleicht ergeben sich Vorschläge zur Verbesserung der Situation der behinderten Studenten.

Dieses Buch wird geschrieben um Informationen über die Probleme und die Situation behinderter Studentinnen und Studenten zu vermitteln. Ziel ist es, ihre Situation zu verbessern, indem die Blickrichtung nicht auf die Defizite, sondern auf die Ressourcen gelenkt werden soll.

Mir ist klar, dass ich im Rahmen dieser Arbeit nur einen kleinen Teil der Probleme ansprechen kann und dass vieles ausgeklammert bleibt (wie zum Beispiel Barriereprobleme usw.) oder auch manches, was ich beschreiben werde, für den Einzelnen vielleicht nicht zutrifft. Deshalb gibt es auch keine allgemeine Handlungsanleitung für die Aufgaben des Behindertenbeauftragen, worauf im Leitfaden für Beauftragte für Behindertenfragen bei Hochschulen und Studentenwerken des DSW hingewiesen wird. Aufgrund der Vielzahl der Behinderungen (von denen ich nicht alle beschreiben kann, es wäre zu umfangreich), und aufgrund der Vielzahl der möglichen Faktoren, die jeweils eine Rolle spielen, ist jeder Fall sozusagen ein Einzelfall. Deshalb kann hier die Problematik nur exemplarisch dargestellt werden. Was die Belastung der Betroffenen und die Reaktionen des Umfeldes betrifft beziehe ich mich auf die entsprechende Literatur.

1 Einleitung

2 Was ist eine Behinderung?

2.1 Definition

Zu diesem Begriff gibt es verschiedene Definitionen, je nachdem, in welchem Zusammenhang der Begriff verwendet wird und zu welchem Zweck er dient. Es gibt dazu eine juristische Definition, eine behindertenpädagogische Definition, WHO-Klassifikationen und behindertensoziologische Definitionen (vgl. Cloerkes 2001, S. 3-7).

Ich möchte nun im folgenden einige dieser Definitionen kurz darstellen:

Eine juristische Definition findet man in § 39 des Bundessozialhilfegesetzes (BSHG). Dort steht:

> „Behinderte sind »Personen, die nicht nur vorübergehend körperlich, geistig oder seelisch wesentlich behindert sind«" (Schulte/Trenk-Hinterberger 1988, 127 zit. n. Cloerkes 2001, S. 3)

Hier wird der Begriff selbst vorausgesetzt. Im Anschluss an diese Definition wird der Personenkreis der Behinderten näher beschrieben, was in diesem Buch in einem späteren Kapitel erfolgt. Diese Definition orientiert sich ausschließlich an der funktionalen Beeinträchtigung und sagt nichts über die Auswirkungen der Behinderungen aus (vgl. Cloerkes 2001, S. 3)

In der Definition aus der Behindertenpädagogik von Bleidick erfolgt eine Dreiteilung:

> „»Als behindert gelten Personen, die infolge einer Schädigung ihrer körperlichen, geistigen oder

seelischen Funktionen soweit beeinträchtigt sind, daß ihre unmittelbaren Lebensverrichtungen oder ihre Teilhabe am Leben der Gesellschaft erschwert werden«." (Bleidick 1999, 15 zit. n. Cloerkes 2001, S. 4)

In der WHO-Klassifikation wird auch zwischen Schädigung und Behinderung unterschieden. Dabei wird von den folgenden drei Ebenen ausgegangen:

„1. **Impairment (Schädigung):** Störung auf der organischen Ebene (menschlicher Organismus allgemein).

2. **Disability (Behinderung):** Störung auf der personalen Ebene (Bedeutung für einen konkreten Menschen).

3. **Handicap (Benachteiligung):** Mögliche Konsequenzen auf der sozialen Ebene (Nachteile, durch die die Übernahme von solchen Rollen eingeschränkt oder verhindert wird, die für die betreffende Person in bezug auf Alter, Geschlecht, soziale und kulturelle Aktivitäten als angemessen gelten)." (WHO 1980, 27ff.; auch BRACK-HANE 1988, 22ff.; RATH 1985, 37f. zit. n. Cloerkes 2001, S. 4)

In der Literatur findet man bei Cloerkes noch eine weitere Definition von ihm selbst, die hier noch dargestellt werden soll:

- „Eine Behinderung ist eine dauerhafte und sichtbare Abweichung im körperlichen, geistigen oder seelischen Bereich, der allgemein ein entschieden negativer Wert zugeschrieben wird.

»Dauerhaftigkeit« unterscheidet Behinderung von Krankheit.
»Sichtbarkeit« ist im weitesten Sinne das »Wissen« anderer Menschen um die Abweichung.

- Ein Mensch ist »behindert«, wenn erstens eine unerwünschte Abweichung von wie immer auch definierten Erwartungen vorliegt und wenn zweitens deshalb die soziale Reaktion auf ihn negativ ist." (Cloerkes 1988, 87 zit. n. Cloerkes 2001, S. 7)

Es handelt sich hier also um funktionale Beeinträchtigungen, die Auswirkungen auf die Lebensgestaltung der Betroffenen haben und ihre Teilhabe am Leben der Gesellschaft behindert. Sowohl die funktionalen Beeinträchtigungen, aber auch die Auswirkungen in bezug auf die Teilhabe am Leben der Gesellschaft werden noch beschrieben.

Ein noch ausführlichere Definition findet man bei Kastl:

„Mit Behinderung wird bezeichnet eine

- nicht terminierbare
- negativ bewertete
- körpergebundene

Abweichung von

- situativ
- sachlich
- sozial generalisierten

Wahrnehmungs- und Verhaltensanforderungen,

die das Ergebnis eines schädigenden (pathologischen) Prozesses bzw. schädigender Einwirkungen auf das Individuum und dessen/deren Interaktion mit sozialen und außersozialen Lebensbedingungen ist.

Schädigende Einwirkungen und Lebensbedingungen können soziale wie außersoziale Sachverhalte sein. Soziologisch gesehen ist Behinderung in diesem Sinne eine relationale Wirklichkeit und zwar in Hinsicht auf

- die individuelle und soziale Wahrnehmung als Abweichung und deren Ausdeutung
- die individuelle und soziale Bewertung der Abweichung
- die Reichweite, Gültigkeit und den sachlichen Gehalt der Anforderungsnormen
- die Definition dessen, was als schädigend bzw. pathologisch betrachtet wird (und natürlich von wem!)
- und die Zuschreibung der Abgeschlossenheit des pathologischen Prozesses bzw. der pathologischen Einwirkung." (Kastl 2010, S. 108)

Dazu sind noch die Definitionskriterien zu erläutern:

1. Behinderung ist nicht terminiert. Man rechnet also mit einer dauerhaften Betroffenheit, allerdings wird dabei nicht ausgeschlossen, dass sich positive Veränderungen einstellen können (vgl. Kastl 2010, S. 110)

2. Nicht jede dauerhafte Abweichung ist eine Behinderung, vor allem dann nicht, wenn sie von den Betrachtern

als positiv gesehen wird. Behinderung ist daher per se eine negative Kategorie (vgl. Kastl 2010, S. 110)

3. Die Körpergebundenheit grenzt die Behinderung gegenüber der sozialen Benachteiligung oder der Ausgrenzung ab. Soziale Benachteiligung oder Ausgrenzung werden erst dann als Behinderung bezeichnet, wenn dadurch körperliche Auswirkungen entstanden sind (vgl. Kastl 2010, S. 111).

4. Behinderung bezieht sich immer auf die Umwelt und auf die Anforderungen dieser Umwelt. Die Anforderungen an das Individuum in einer Umwelt sind dabei interkulturell variabel, aber nicht unendlich variabel, das heißt, es gibt in menschlichen Gesellschaften bestimmte Anforderungen, die grundlegend sind (vgl. Kastl 2010, 111, 112)

> „Wichtig ist dabei das Kriterium der situativen, sachlichen und sozialen Generalisiertheit. Je mehr eine Person systematisch von sehr *spezifischen* Anforderungen abweicht, desto weniger sind wir geneigt, von Behinderung zu sprechen. Je mehr „Aufgaben" im Sinne Parsons' betroffen sind, die sich über situative, soziale und sachliche Kontexte hinweg stellen, desto mehr sind wir geneigt, das Wort Behinderung anzuwenden." (Kastl 2010, S. 112)

Dabei geht es um Anforderungen, die sozial generalisiert sind, sie betreffen nicht eine einzelne Person, sondern immer einen Personentypus. Behinderungen haben damit eine relationale Realität, sie sind abhängig von den faktischen Anforderungen in einer Gesellschaft, wenn von ihnen abgewichen wird (vgl. Kastl 2010, S. 112).

5. Behinderung ist das Ergebnis eines pathologischen bzw. schädigenden Prozesses und dessen Interaktion mit Lebensbedingungen. Ein pathologischen bzw. schädigender Prozess ist ein Vorgang mit dem Ergebnis der Schädigung. In Interaktion und Zusammenwirken mit der Umwelt ergibt sich die eigentliche Behinderung (vgl. Kastl 2010, S. 112, 113).

> „Typologisch gesehen nimmt die Eindeutigkeit, mit der wir etwas als Behinderung bezeichnen, in dem Maße zu, wie der schädigende Prozess abgeschlossen ist, in der Vergangenheit liegt. Umgekehrt: je mehr der pathologische Prozess eine aktuelle Dynamik aufweist, desto mehr sind wir geneigt von einer Erkrankung, auch einer chronischen Erkrankung zu sprechen." (Kastl 2010, S. 113)

Die Vorstellung, was unter einem schädigenden Prozess zu verstehen ist, unterliegt auch einer sozialen Definition. Was in unserer westlichen Gesellschaft als Schädigung angesehen wird orientiert sich am Weltbild der westlichen Medizin. Und die Schädigung ist nach der Definition eine notwendige Bedingung für Behinderung. Die einzelnen Behinderungsarten möchte ich in Kapitel 2.3 beschreiben. Zunächst wäre aber zu klären wie hoch die Anzahl der Behinderten in diesem Land wohl ist.

2.2 Wie viele Behinderte gibt es?

Für Behinderte gibt es keine Meldepflicht. Daher liegen zuverlässige Daten kaum vor. Bei einer Erhebung im Jahr 1995, bei der eine Stichprobe interviewt wurde, waren 5.5 Millionen oder 6.7% der Gesamtbevölkerung schwer-

behindert mit einem Behinderungsgrad über 50%.
Die Zahlenangaben der amtlich als schwerbehindert anerkannten Menschen liegt höher. 1997 lag die Quote etwas
über 8% (vgl. Cloerkes 2001, S. 18)
Dabei sind aber die Personen mit einem Behinderungsgrad unter 50% nicht erfasst. Experten schätzen, dass die
Anzahl der behinderten Menschen in der Gesamtbevölkerung bei rund 10% liegt, hier sind aber die psychisch Behinderten nicht dabei. Außerdem gibt es wahrscheinlich
15 Millionen oder fast 20% hörbeeinträchtigte Menschen,
zwei Drittel von ihnen sind älter als 50 Jahre und nur
17% dieser Menschen sind mit einem Hörgerät versorgt.
Bei ständig steigender Lebenserwartung wird wohl die
Anzahl der Behinderten noch weiter ansteigen (vgl.
Cloerkes 2001, S. 27).
Cloerkes bemerkt dazu:

> „Angaben über die Zahl behinderter Menschen
> sind mit äußerster Vorsicht zu bewerten. Realisti-
> sche Schätzungen gehen von rund 8 Millionen
> Behinderten in der Bundesrepublik Deutschland
> aus, das entspricht etwa 10% der Gesamtbevölke-
> rung. Auch höhere Angaben lassen sich durchaus
> begründen." (Cloerkes 2001, S. 28)

> „Mindestens 8 Millionen Menschen in unserer
> Gesellschaft sind behindert – das Ausmaß dieses
> sozialen Problems ist also sehr groß, wohl größer
> als alle anderen sozialen Probleme." (Cloerkes
> 2001, S. 28)

In der Ursachenstatistik des statistischen Bundesamtes
werden in bezug auf die Behinderungen die folgenden
Kategorien unterschieden: angeborene Behinderungen,

Arbeitsunfälle, Unfälle, Kriegs- Wehrdienst- oder Zivildienstbeschädigung, allgemeine Krankheit, sonstige Ursachen. Dabei geht der größte Teil der anerkannten Schwerbehinderungen auf Schädigungen durch Krankheitsprozesse zurück, dies sind 82,3% der Behinderungen. Nur 4,4% aller Behinderungen sind angeborene Behinderungen. Der allergrößte Teil der Behinderungen ist also durch Krankheitsfolgen verursacht und diese Behinderungen sind nicht angeboren, sondern werden im Laufe des Lebens erworben (vgl. Kastl 2010, S. 132-136).

Meine persönliche Ansicht dazu ist die, dass in einer immer älter werdenden Gesellschaft die Anzahl der Behinderten eher steigen wird. In bezug auf die postmoderne Gesellschaft ist festzustellen, dass der Einzelne im Verlauf seines Lebens durch sich verändernde Lebensumstände vielleicht mehrmals gezwungen ist sich beruflich umzuorientieren. Dies könnte unter Umständen auch zu einer Erhöhung der Behindertenanzahlen in den Ausbildungsstätten wie Universitäten und Hochschulen führen, da ja, wie schon erwähnt, die meisten Behinderungen erst im Verlauf des Lebens erworben werden und nicht angeboren sind.

2.3 Personengruppe

Die meisten Menschen, die keinen näheren Kontakt mit behinderten Menschen pflegen, werden, so nehme ich an, die Vorstellung von einem behinderten Menschen als einer Person im Rollstuhl haben. Dabei gibt es so viele Behinderungsarten, dass ich sie hier im Rahmen dieses Buches nicht alle erwähnen kann. Ich möchte daher vor allem diese Behinderungen beschreiben, mit denen ein Studium an einer Universität oder Hochschule möglich sein kann. Diese Beschreibungen werde ich sehr kurz fassen, wer noch ausführlichere Informationen benötigt, den möchte ich auf die entsprechende Fachliteratur verweisen.

Zur Personengruppe der Behinderten gehören die Körperbehinderten, die Sehbehinderten, die Hörbehinderten und die Sprachbehinderten.

2.3.1 Die Körperbehinderten

2.3.1.1 Die cerebrale Bewegungsstörung

Allgemeines Merkmal der cerebralen Bewegungsstörung ist eine abnorme Muskelspannung und eingeschränkte Willkürmotorik, pathologische Reflexe und Totalsynergien. Ursachen dieser Behinderung sind meist in der Kindheit zu finden wie Infektionen, Medikamente, Gifte, Sauerstoffmangel während der Geburt, Hirnhautentzündungen, Gehirnblutungen, Unfälle, Gewalteinwirkungen und Anfallsleiden. Es gibt aber auch Fälle, bei denen die Ursachen nicht bekannt sind (vgl. Bergeest 2006, S. 60, 61). Man unterscheidet drei Hauptformen der cerebralen Bewegungsstörung: die Spastik, die Athetose und die Ataxie. Die Spastik ist die häufigste Form. Ihr Kennzeichen ist die ständig erhöhte Muskelanspannung, was die Bewegung beeinträchtigt. Das kann zu Fehlstellungen der Gelenke und zu Kontrakturen führen. Je nach Betroffenheit der Gliedmaßen unterscheidet man die Tetraplegie, bei der beide Arme und beide Beine betroffen sind, die Diplegie, bei der die Beine mehr als die Arme betroffen sind und die Hemiplegie. Bei der Hemiplegie ist nur eine

2.3 Personengruppe

Körperhälfte verkrampft (vgl. Bergeest 2006, S. 62).
Kennzeichen der Athetose ist eine stark schwankende
Muskelspannung. Bei der Ataxie ist der Muskeltonus
schwankend und oft zu niedrig, was zu Problemen im Be-
wegungsablauf und in der Körperhaltung führt (Gangun-
sicherheit) (vgl. Bergeest 2006, S. 62).

2.3.1.2   Spina bifida

Spina bifida ist eine Verschlussstörung des Neuralrohrs,
die während der Schwangerschaft entstehen kann. Sie
führt zu Fehlbildungen des Zentralnervensystems. Die
Folge sind Lähmungen. Die Gehfähigkeit ist eingeschränkt und die Betroffenen können dadurch auch roll-
stuhlabhängig sein. Die Ursachen dieser Fehlbildung sind
weitgehend nicht bekannt (vgl. Bergeest 2006, S. 70).
Erscheinungsformen sind die Myelomeningocele, bei der
der Rückenmarkssack ausgestülpt ist, aber umgeben von
Rückenmarkshüllen. Bei der Myelocele ist der Rückenmarkssack ohne schützende Hüllen und bei der Meningo-
cele ist das Rückenmark weitgehend intakt. Oft ist auch
eine Spina bifida occulta vorhanden, bei der es keinerlei
Auffälligkeiten gibt und die nur zufällig entdeckt wird.
Diese Fehlbildungen sind meist an der Stelle des unvoll-
ständigen Verschlusses als eine Ausstülpung zu sehen.
Viele der Betroffenen haben auch einen Hydocephalus
(Wasserkopf) und epileptischen Anfälle sind eine Paral-
lelstörung (vgl. Bergeest 2006, S. 70-72).
Infolge dieser Behinderung können weitere Komplikationen auftreten wie Fehlstellungen der Gelenke, Stoffwechselstörungen und Störungen der ableitenden Harnwege

18

(vgl. Bergeest 2006, S. 72, 73).

2.3.1.3 Epilepsie

Die Epilepsie ist eine Anfallskrankheit. Die Anfälle sind abnorme Hirnstromentladungen, die man mit dem EEG sichtbar machen kann. Wie diese Anfallsneigung entstanden ist, ist oft unbekannt, aber die Auslöser sind meist feststellbar. Die Symptome eines solchen Anfalls sind Zuckungen, Krämpfe, ziellose Bewegungen und der Betroffene verliert das Bewusstsein, oder er gibt unkontrollierte sprachliche Äußerungen von sich. In vielen Fällen spürt der Epileptiker schon vor dem Anfall Symptome, die als Prodomi oder Auren bezeichnet werden (vgl. Bergeest 2006, S. 79, 80).

Es werden die folgenden Anfallsformen unterschieden:

- Bei den *generalisierten Anfällen* sind beide Hirnhemisphären betroffen. Sie äußern sich in Absencen. Das sind Bewusstseinsstörungen, die abrupt beginnen und enden. Die Aktivität und die Wahrnehmung des Betroffenen ist unterbrochen, er blickt starr und der Anfall dauert nur bis zu 30 Sekunden.

- Die *myklonischen Anfälle*, bei denen Muskelgruppen zucken.

- Bei den *tonischen Anfällen* kommt es plötzlich oder zunehmend zu einer Muskelkontraktion am ganzen Körper oder in der oberen Körperhälfte. Die Anfälle dauern bis zu einer Minute und der Betroffene kann stürzen (vgl. Bergeest 2006, S. 81).

- *Klonische Anfälle* sind an den wiederholten, rhythmischen und meist symmetrischen Zuckungen zu erkennen, die sich über den ganzen Körper oder Körperteile erstrecken. Diese Zuckungen haben eine abnehmende Frequenz und ein klonischer Anfall kann einem Grand mal vorausgehen (vgl. Bergeest 2006, S. 81).

- Unter einem *primär generalisierten Grand mal* versteht man einen tonisch-klonischen Anfall. Zu Beginn dieses Anfalls schreit, stöhnt oder seufzt der Betroffene, dann stürzt er, es kommt zu einer Muskelkontraktion, die Augen sind aufgerissen oder halb geschlossen, das Gesicht ist verzerrt und die Atmung stockt. Dies dauert 10-30 Sekunden und nach meinen Beobachtungen wird dabei das Bewusstsein verloren. Dann zucken die Arme und Beine, manchmal auch die Gesichtsmuskeln. Es kommt zu einem Schweißausbruch und aus dem Mund fließt Speichel oder Schaum. Dies dauert 30-60 Sekunden. Nach dem Anfall legt er sich hin und schläft bis zu mehreren Stunden. Wenn er aufwacht hat er keine Erinnerung an den Anfall (vgl. Bergeest 2006, S. 81).

- Bei den *atonischen Anfällen* kommt es zu einem abrupten Tonusverlust einzelnen oder aller Muskeln, was einen Sturz zu Folge hat (vgl. Bergeest 2006, S. 81).

Im Gegensatz dazu sind bei den fokalen Anfällen einzelne Hirnareale betroffen. Kennzeichen sind hier die motorischen Symptome wie Zuckungen usw., die sensiblen

und sensorischen Symptome wie Taubheit, Kribbeln, Brennen usw., die vegetativen Symptome wie Schwitzen, Herzrasen usw. und die psychischen Symptome wie Sprachstörungen, Gedächtnisstörungen usw. (vgl. Bergeest 2006, S. 81)
Es gibt auch komplexe fokale Anfälle mit Bewusstseinstörung, die 30 Sekunden bis 2 Minuten dauern.
Gefährlich ist eine rasche Folge von Anfällen oder, wenn ein Anfall ununterbrochen weiter andauert. Das nennt man einen status epilepticus. Dies muss mit Medikamenten beendet werden, die der Betroffene meist bei sich hat (vgl. Bergeest 2006, S. 82).

Wie verhält man sich bei so einem Anfall richtig? Man sollte den Betroffenen beobachten, mit Hilfe der Uhr die Anfallsdauer feststellen und die Verletzungsgefahr beseitigen. Oft habe ich bei meinen Schülern auch verhindert, dass es zu einem Sturz kam, indem ich das auf dem Stuhl sitzende Kind vorsichtig ergriff und auf dem Boden in Seitenlage ablegte. Wenn der Anfall nach 3 Minuten nicht zu Ende ist, dann das Medikament (Zäpfchen) verabreichen und schlafen lassen (geht auch auf einer Matte auf dem Boden). Dann wird den Anfall dokumentiert in den Unterlagen, die der Betroffene bei sich führt. Wenn keine Medikamente vorhanden sind oder der Anfall nicht aufhört oder eine Serie von Anfällen folgt, dann bitte sofort einen Arzt rufen (vgl. Bergeest 2006, S. 82).

2.3.1.4 Chronische Erkrankungen

Damit ist Asthma, Neurodermitis, Allergien, Rheuma,

2.3 Personengruppe

Diabetes, Herzkrankheiten, Hämophilie, Niereninsuffizienz und Zöliakie gemeint. Belastet sind chronisch Kranke je nach Krankheit durch Schmerzen, Juckreiz, Atemnot und körperliche Schwächung (vgl. Bergeest 2006, S. 87). Diese Krankheiten sind sehr belastend und die Kranken empfinden einen Verlust der körperlichen Autonomie (vgl. Bergeest 2006, S. 88).

Ich werde die Symptomatik nun kurz beschreiben.

- Asthma

Es handelt sich um eine Einengung der Atemwege, die anfallsweise auftritt und Atemnot hervorruft. Ursache ist eine Überempfindlichkeit der Atemwege (vgl. Bergeest 2006, S. 91).

- Neurodermitis

Neurodermitis ist sehr unangenehm und belastend. Es ist eine entzündliche Erkrankung der Haut die entweder von einer angeborenen Veranlagung kommt oder irgend eine andere Ursache hat. Schubweise tritt quälender Juckreiz auf, auch ohne äußere Veränderungen der Haut. Unterschiedliche Körperteile können davon betroffen sein. Die Haut juckt vor allem am Abend und in der Nacht und das führt zu Schlafstörungen (vgl. Bergeest 2006, S. 92, 93).

- Rheuma

Kennzeichen rheumatischer Erkrankungen ist ein ziehender Schmerz in den Gelenken und Muskeln des Körpers. Ursache dieser Schmerzen sind Entzündungsprozesse und Verschleißerscheinungen. Wenn die Gelenke betroffen sind ist die Bewegungsfähigkeit eingeschränkt. Diese Krankheiten können in jedem Alter auftreten und die Verläufe sind recht unterschiedlich (vgl. Bergeest 2006, S. 94, 95).

2 Was ist eine Behinderung?

- Diabetes

Diabetes mellitus ist eine Stoffwechselerkrankung. Dabei kann der normale Blutzuckerspiegel nicht aufrecht erhalten werden. Es wird durch die Bauchspeicheldrüse zu wenig Insulin produziert oder es liegt ein Rezeptordefekt vor. Die Körperzellen können den Zucker nicht aufnehmen. Dann steigt der Zuckergehalt im Blut an. Es kann zur Über- aber auch zur Unterzuckerung kommen, was zu Bewusstlosigkeit führen kann. Diese Erkrankung hat Spätschäden als Folge. Blutgefäße, Augen und Nieren, die Beine und weitere Organe können betroffen sein. Sie muss daher lebenslang behandelt werden um diese Folgeschäden möglichst lange zu verhindern (vgl. Bergeest 2006, S. 95, 96).

-Niereninsuffizienz

Bei der chronischen Niereninsuffizienz ist das Nierengewebe dauerhaft geschädigt. Hier ist eine Nierenersatztherapie erforderlich, damit ist die Dialyse oder eine Nierentransplantation gemeint. Die Kranken leiden an schlechtem Allgemeinbefinden und sind rasch ermüdbar (vgl. Bergeest 2006, S. 97).

- Hämophilie

Sie ist angeboren und eine erbliche Blutgerinnungsstörung. Lebenslang besteht ein Mangel an einem gerinnungsförderndem Bluteiweißbestandteil. Die Krankheit wird von der Mutter auf Knaben vererbt. Eine Folge sind Gelenkblutungen, die zu Gelenkversteifungen führen können. Ohne medizinische Behandlung kann es zum Verbluten kommen (vgl. Bergeest 2006, S. 98).

-Zöliakie

Zöliakie ist genetisch bedingt und eine Dünndarmerkrankung, bei der es zu einer Zerstörung der Dünndarmzotten kommt. Lebenslang muss eine Diät eingehalten werden, Wird sie nicht eingehalten, kommt es zu gravierenden gesundheitlichen Folgen wie Minderwuchs, Untergewicht, Anämie und das Krebsrisiko steigt (vgl. Bergeest 2006, S. 99).

- Herzfehler
Angeborene Herzfehler sind die häufigste menschliche Fehlbildung. Es gibt aber auch viele erworbene Herzkrankheiten. Die Symptome, der Verlauf und die Behandlung sind daher sehr unterschiedlich. Die Belastungen durch diese Krankheiten können erheblich sein, vor allem durch die zum Teil vorhandene unmittelbare Lebensbedrohung und die Einschränkung der Leistungsfähigkeit (vgl. Bergeest 2006, S. 100, 101).

- Mukoviszidose
Sie ist eine Funktionsstörung der schleim- und schweißproduzierenden Drüsen. Diese Erkrankung wird vererbt. Bei der Mukoviszidose fehlt die Information für die Bildung einer bestimmten Aminosäure, die für leichtflüssigen Schleim in den Atemwegen sorgt. Infolge kommt es häufig zu Entzündungen der Luftwege. Da die Problematik die gesamten Schleimhäute betrifft, ist auch die Verdauung erschwert. Eine Behandlung der Ursache gibt es noch nicht und die Lebenserwartung ist recht unterschiedlich. Die seelischen Belastungen durch die Krankheit sind beträchtlich (vgl. Bergeest 2006, S. 108).

- Krebs
Krebs ist eine schwere, lebensbedrohliche Erkrankung in jedem Lebensalter. Auch die medizinische Behandlung, die meist in Operation, Bestrahlung und Chemotherapie

besteht ist sehr belastend. Die Prognosen in Bezug auf eine erfolgreiche Behandlung sind recht unterschiedlich. Die Kranken erleben viele Konflikte im Verlauf der Erkrankung und bei der Behandlung (vgl. Bergeest 2006, S. 109).

- *HIV-Infektion*

Sie kann zum Ausbruch der AIDS-Erkrankung führen. Dies ist eine Immunmangelerkrankung, die durch Bluttransfusionen und Kontakte mit infiziertem Blut und Körperflüssigkeit übertragen werden kann. Da die Krankheit das Immunsystem des Körpers betrifft sind ihre Auswirkungen entsprechend gravierend. Durch die Schwächung des Immunsystems entstehen Folgekrankheiten, die das Befinden schwer beeinträchtigen können und letztlich führt die Erkrankung zum Tod. Durch eine Kombination von Medikamenten kann der Ausbruch aber verzögert werden (vgl. Bergeest 2006, S. 110, 111).

- *Multiple Sklerose*

Dies ist eine Erkrankung des Zentralnervensystems, deren Ursache noch nicht geklärt ist. Die Ursache der Krankheit kann nicht behandelt werden und der Verlauf ist nicht vorhersehbar. Wenn die Erkrankung in Schüben beginnt ist die Prognose günstiger wie bei einem schleichenden Verlauf. Die Kranken verlieren nach und nach ihre motorischen Fähigkeiten. Außerdem treten noch weitere Komplikationen auf, die im fortgeschrittenen Stadium auch zum Tod führen können. Die psychischen Belastungen durch die Erkrankung sind immens (vgl. Bergeest 2006, S. 111, 112).

2.3 Personengruppe

2.3.1.5 Körperliche Fehlbildungen

Menschen mit einer körperlichen Fehlbildung weichen in ihrem äußeren Erscheinungsbild von den Nichtbehinderten ab, was entsprechende Reaktionen durch das Umfeld hervorruft. Sie führen daher oft ein Leben als Außenseiter (vgl. Bergeest 2006, S. 112, 113).

Als körperliche Fehlbildungen bezeichnet man Kleinwuchs, Gliedmaßenfehlbildungen, Fehlbildungen des Gesichts und die Glasknochenerkrankung.
-Kleinwuchs
Kleinwüchsig sind Menschen, die von der Größennorm abweichen. Die Ursachen dieser Abweichung sind vielfältig. Sie reichen von cerebralen Regulationsstörungen, hormonalen Störungen, chronischen Organ- und Stoffwechselstörungen bis zu den Skelettfehlbildungen. Eine davon ist die Achondroplasie, bei der die Körperproportionen verschoben sind. Die Erwachsenen sind hier nicht größer als 130 cm. Im Vergleich zum Rumpf haben die Betroffenen einen relativ großen Kopf und kurze Arme und Beine. Durch den Kleinwuchs entstehen weitere körperliche Probleme. Ihr Problem bezüglich der Umgebung ist vor allem, dass diese für Menschen mit Durchschnittsgröße eingerichtet ist (vgl. Bergeest 2006, S. 113, 114).
-Gliedmaßenfehlbildungen
Gliedmaßenfehlbildungen sind Wachstumsstörungen an Armen und Beinen, die während der Schwangerschaft, aber auch nach der Geburt entstehen können. Die Ursachen können vielfältig sein. Bekannt wurde diese Behinderung durch die Geschädigten des Arzneimittels Con-

tergan. Die Behandlung erfolgt durch Versorgung mit Prothesen, oder aber wo sinnvoll und möglich, auch durch operative Eingriffe. Diese Behinderung ist immer eine verminderte motorische Ausrüstung des Körpers (vgl. Bergeest 2006, S. 114).

Aus eigener Erfahrung kann ich darüber berichten, dass es für die Betroffenen belastend sein muss, wenn man täglich die Hilfe anderer benötigt, weil man sich nicht selbständig aus- und anziehen kann.

- *Fehlbildungen des Gesichts*

Diese Fehlbildungen sind meist genetisch bedingt. Dazu gehört auch die Lippen-Kiefer-Gaumenspalte, die schon im 1. Lebensjahr korrigiert wird. Die Fehlbildungen können den Unterkiefer, das Ohr, die Wangenknochen, die Augenhöhlen und das Mittelgesicht betreffen.

Durch Tumore, Unfälle und Behandlungsfolgen können Fehlbildungen des Gesichts entstehen, die operativ korrigiert werden. Die Gesellschaft reagiert auf diese Behinderungen abweisend und die Betroffenen werden sozial isoliert, was eine hohe psychische Belastung ist (vgl. Bergeest 2006, S. 115).

- *Glasknochenerkrankung*

Unter einer Glasknochenerkrankung versteht man eine angeborene erhöhte Knochenbrüchigkeit und damit auch eine Neigung zu Skelettverbiegungen. Durch die erhöhte Knochenbrüchigkeit kommt es zu körperlichen Auffälligkeiten und einem verminderten Körperwachstum. Die Ursache der Erkrankung ist nicht behandelbar, aber die Frakturneigung lässt bei vielen der Betroffenen in der Pubertät nach (vgl. Bergeest 2006, S. 116).

2.3 Personengruppe

2.3.1.6 Traumatisierte Personen

Eine körperliche oder seelische Verletzung als Folge einer Gewalteinwirkung wird als Trauma bezeichnet. Darunter versteht man die dauerhaften Folgen von Unfällen. Das sind zum Beispiel die Schädel-Hirn-Traumen, die erworbene Querschnittslähmung, Frakturen, Verbrühungen und Verbrennungen. Die psychischen Auswirkungen körperlicher Gewalt können ein „posttraumatisches Belastungssyndrom" hervorrufen (vgl. Bergeest 2006, S. 117, 118).

- Schädel-Hirn-Trauma
Es handelt sich hier um die Auswirkung einer Kopfverletzung. Der Verlauf ist abhängig von der Schwere der Verletzung. Ein schweres Trauma ist das apallische Syndrom, das durch Sturz, Schlag, Entzündungen, Blutungen, Hirntumore, Stoffwechselstörungen, Stromschlag und Sauerstoffmangel bei Badeunfällen entstehen kann. Die Betroffenen befinden sich dann nach Bewusstlosigkeit im Wachkoma (vgl. Bergeest 2006, S. 119, 120).

- Querschnittlähmung
Dies ist eine traumatische Schädigung des Rückenmarks oder der Nervenwurzeln, die im Wirbelkanal verlaufen. Diese Querschnittlähmung wurde durch Unfall erworben. Eine hohe Anzahl davon sind Sportunfälle. Je nach dem Ort der Schädigung unterscheidet man die Plegie, bei der die Nervenbahnen komplett unterbrochen sind und die Parese, bei der es zu einer inkompletten Lähmung mit unterschiedlichen Zustandsbildern kommt. Diese Schädigungen sind nicht behandelbar und die Folge sind motorische Störungen, Sensibilitätsstörungen und vegetative

Störungen unterhalb der Läsion. Die Betroffenen erleiden psychisch einen schweren Schock. Es fällt ihnen oft lange sehr schwer ihren Zustand zu akzeptieren. Sehr belastend sind auch die Beeinträchtigungen der körperlichen Funktionen (Blase, Darm, Sexualfunktion) (vgl. Bergeest 2006, S. 121, 122).

- Verbrennungen
Verbrühungsunfälle gibt es häufig im Kleinkindalter. Sind 10% der Körperoberfläche verbrannt, so spricht man von Schock. Bei 30% verbrannter Körperoberfläche besteht Lebensgefahr. Schwere Verbrennungen können als Folge die Gelenkbeweglichkeit einschränken. Die Behandlung ist sehr aufwendig und es sind häufig Operationen erforderlich (vgl. Bergeest 2006, S. 122).
Wie ich in der Praxis schon gesehen habe, sind schwere Verbrennungen auch äußerlich entstellend, was die Betroffenen psychisch belastet.

2.3.2 Blinde und Sehbehinderte, Hörgeschädigte und Sprachbehinderte

Ein großer Teil der Behinderten hat eine Sehbehinderung, eine Hörschädigung oder eine Sprachbehinderung. Bei diesen Behinderungen ist auch das Gehirn mitbetroffen. Deshalb möchte ich seine Funktionsweise kurz beschreiben.
Das Gehirn wird auch als autopoietisches System bezeichnet (vgl. Walthes 2005, S. 35, 36).
Dazu das folgende Zitat:
„Das Gehirn hat in seiner Funktionsweise keinen direkten Kontakt zur Umwelt. Es arbeitet und

funktioniert mit Hilfe seiner eigenen Bausteine, den Nervenzellen und biochemischen Stoffen (Neuropeptide, Transmitter) und mit Hilfe seiner eigenen Operationen, den Prozessen der elektrischen Ladung und Entladung. Diese Bausteine und Prozesse erhalten sich durch zirkuläre Prozesse, d.h. sie nutzen die eigenen Prozesse zur Erzeugung neuer und sind in dieser Organisation nicht direkt von außen zu beeinflussen. Autopoietisch bedeutet nicht, dass ein System hermetisch und umweltabgeschlossen ist. So wie lebende Systeme ständig Sauerstoff, Licht und andere Bestandteile aus der Umwelt benötigen, um zu überleben, so besteht auch zwischen dem Gehirn und seiner Umwelt ein ständiger Austausch energetischer Art, denn Neurone brauchen Anregung, um aktiv werden zu können. Jedoch bestimmt die Anregung bzw. der Reiz nicht die Art der Aktivität des Gehirns." (Walthes 2005, S. 35, 36)

Unser Gehirn spricht jedoch nicht auf jeden beliebigen Reiz an. Wir haben nur diejenigen Sinnesorgane ausgebildet, die wir für unser Überleben brauchen. Damit die ankommenden Reize verarbeitet werden können müssen sie in neuronale Erregung umgewandelt werden. Dabei verlieren die Umweltreize ihre Spezifität. Das heißt, das Gehirn weiß dann nicht, ob es sich um etwas Gesehenes, Gehörtes, Gefühltes oder Geschmecktes handelt. Dieses Angebot von außen ist zwar Anlass für eine Wahrnehmung, aber das Gehirn entscheidet, was wahrgenommen wird und wie es wahrgenommen wird (vgl. Walthes 2005, S. 37).

2 Was ist eine Behinderung?

Wenn wir etwas sehen, lesen oder hören, dann sind viele Bereiche in verschiedenen Regionen des Gehirns aktiv (vgl. Walthes 2005, S. 38).
Das bedeutet:

> „Wenn gesagt wird, der visuelle Cortex sei beschädigt, dann bedeutet dies nicht automatisch, dass kein Sehen möglich ist, da andere Areale ebenfalls für die visuelle Wahrnehmung zuständig sind." (Walthes 2005, S. 38)

Dabei wurde in Experimenten der Hirnforschung auch herausgefunden, dass nicht die sensorischen Systeme allein, sondern ihre Vernetzung konstruktiven Charakter hat. Durch die Bewegung wird die Wahrnehmungswelt erzeugt. Die Wahrnehmung wird strukturiert und dadurch wird die Passung zwischen dem Individuum und der Umwelt ermöglicht (vgl. Walthes 2005, S. 40-42).

> „Nicht das Auge ist der Garant für die Wahrnehmung der Welt, sondern die handelnde Auseinandersetzung bzw. die Koordination von Handeln und Sehen, Bewegung und Wahrnehmung." (Walthes 2005, S. 42)

Dem Erwachsenen ist allerdings dieser bewegungsbasierte Charakter der Wahrnehmung nicht mehr präsent. Aber schon die Vorstellung oder Beobachtung einer Bewegung kann zu Muskelreaktionen führen, und wenn es besonders spannend ist kann dies reale Bewegungen auslösen (vgl. Walthes 2005, S. 43).
Dabei wurde noch untersucht, wann die Gehirnaktivität am höchsten ist und es wurde festgestellt, dass sie am größten bei der Vorstellung von etwas ist, denn Wahrnehmung ist virtuelle Bewegung. Diese Erkenntnisse sind

2.3 Personengruppe

vor allem für die Behindertenpädagogik von Bedeutung (vgl. Walthes 2005, S. 44).

2.3.2.1   Blinde und Sehbehinderte

Bei diesen Behinderungen unterscheidet man die Sehbeeinträchtigung, die Sehbehinderung, die hochgradige Sehbehinderung und die Blindheit (vgl. Walthes 2005, S. 51).

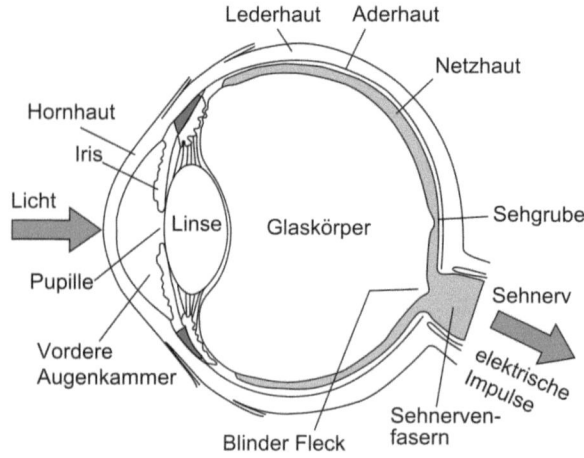

Abbildung 1: Ein menschliches Auge

Dazu möchte ich erst den *Vorgang des Sehens* beschreiben. Das Licht wird von den Rezeptoren der Netzhaut jeden Auges gebündelt. Diese Rezeptoren geben elektrische Signale ab, wenn sie von Licht getroffen werden. In den

Schichten der Netzhaut und des Gehirns werden diese Signale interpretiert und die nützlichen Informationen werden herausgefiltert. Soweit der Vorgang des Sehens (vgl. Walthes 2005, S. 22).

Der Augenarzt stellt bei Sehschädigungen die Art und das Ausmaß der Schädigung fest (vgl. Walthes 2005, S. 64).

Die Ursachen für die Sehschädigungen sind vielfältig, bei den erworbenen Sehschädigungen spielt der Zeitpunkt eine Rolle, denn Kinder, bei denen die Sehschädigung vor dem 3. Lebensjahr eintritt verfügen über keine visuelle Erinnerung mehr (nach Gruber und Hammer 2000) (vgl. Walthes 2005, S. 55).

Katarakte (der Graue Star) sind mit 30% die größte Gruppe der Erblindungsursachen. Die Ursachen dieser Linsentrübung sind vielfältig, aber sie sind operativ gut zu behandeln.

Das *Glaukom* wird auch als Grüner Star bezeichnet. Wenn sich der Augeninnendruck erhöht, dann kommt es zu Hornhautschädigungen und Schädigungen der Papille. Dies wird oft erst bemerkt, wenn schon Schädigungen vorhanden sind. Glaukome können aber auch durch andere Augenerkrankungen oder Operationen entstehen (vgl. Walthes 2005, S. 68).

Eine weitere Gruppe von Sehschädigungen sind die *Netzhauterkrankungen*. Es kann dabei zu Veränderungen der Netzhaut bis zur vollständigen Ablösung der Netzhaut kommen. Folgen sind Einschränkungen beim Lesen und Farbensehen. Am häufigsten ist die altersbedingte *Makuladegeneration*. Eine weitere Erkrankung ist die degenerative Erkrankung der Retina, bei der die Ursache noch nicht ganz bekannt ist. Die Betroffenen haben immer weniger Gesichtsfeld und zum Schluss bleibt nur noch ein winziger Bereich in der Netzhautmitte funktionsfähig. Die Erkrankung erfolgt schubweise und führt zur funktionalen Erblindung (vgl. Walthes 2005, S. 68-70).

Eine weitere Gruppe von Sehschädigungen sind die *cerebralen Sehschädigungen*, bei denen die Sehbeeinträchtigung nicht die Folge einer okularen Schädigung ist. Davon gibt es sehr viele unterschiedliche Formen. Sie können sich auf das Gesichtsfeld, den Visus und auf das Farb- und Kontrastsehvermögen, die Raumwahrnehmung, die Bewegungswahrnehmung, die Blickmotorik, die Form-, Objekt- und Gesichtswahrnehmung auswirken und aber auch zur Einengung des visuellen Aufmerksamkeitsfeldes führen. Ein spezielles Phänomen bei Menschen mit cerebralen Sehschädigungen ist Blindsight. Dabei verhalten sich die Betroffenen so, dass ein Beobachter keine Schädigung erkennen kann, obwohl eine vorhanden ist (vgl. Walthes 2005, S. 70l, 71).

Sehschädigungen können auch Teil einer komplexen Schädigung sein, dabei werden sie mit gravierenden Folgen allzu leicht übersehen (vgl. Walthes 2005, S. 71).

Wenn Menschen erst spät erblinden, so bleiben ihre visuell erworbenen Konzepte erhalten, allerdings mit der Zeit scheinen die visuellen Vorstellungen und inneren Bilder zu verblassen und sie passen sich an ihre Situation an, indem immer mehr akustisch-taktile Muster an Bedeutung gewinnen. Die erworbenen Sehbehinderungen entwickeln sich oft langsam und werden damit kaum wahrgenommen, da das Gehirn die Bilder ergänzt und die Behinderung wird dann oft erst bemerkt, wenn das Gesichtsfeld

2 Was ist eine Behinderung?

schon deutlich eingeschränkt ist. Im Alltag entstehen durch eine Sehbehinderung oft erhöhte Anforderungen, da viele Informationen visuell oder überwiegend visuell zur Verfügung stehen (vgl. Walthes 2005, S. 86-88).

Was die Häufigkeit einer Sehbehinderung betrifft, so muss man auf statistische Daten zurückgreifen. Die WHO geht von einer Anzahl von 148 Millionen Menschen auf der Welt aus, die eine Sehschädigung haben. Davon sind 140 Millionen Menschen sehbehindert oder hochgradig sehbehindert, 30 Millionen sind blind und 8 Millionen sind blind ohne Lichtscheinwahrnehmung. Im Jahr 2001 waren in Deutschland ca. 1 Millionen Menschen sehbehindert. Dabei ist der Sehverlust in der Altersgruppe ab 55 Jahren besonders hoch. Sehschädigungen sind eine der drei häufigsten Schädigungen im Alter. Nachdem die Lebenserwartung der Bevölkerung immer mehr ansteigt, nehmen die altersbezogenen Sehschädigungen auch zu (vgl. Walthes 2005, S. 89-91).

2.3.2.2 Hörgeschädigte

Zur Gruppe der Hörgeschädigten gehören die Schwerhörigen, die Gehörlosen, Ertaubten und die CI-Träger. Bei ihnen allen ist das Hörvermögen gemindert oder ausgefallen. Heute erhalten die Betroffenen, bei denen es sinnvoll ist, ein Hörgerät. Damit kann man die auditiven Eindrücke wesentlich verbessern, aber das Hörvermögen ist trotzdem verändert (vgl. Leonhardt 2002, S. 22, 23).

Das Hörvermögen kann vom Hals-Nasen- und Ohrenarzt getestet werden.

Zur Häufigkeit ist festzustellen:

2.3 Personengruppe

„Hörschädigungen gehören – bezogen auf die Gesamtbevölkerung – zu den verbreitetsten körperlich-funktionellen Beeinträchtigungen. Lärmbedingte Erkrankungen stehen – bei vermutetem weiteren raschen Ansteigen – schon jetzt an der Spitze aller Berufskrankheiten." (Neubert 1970 in Richtberg 1980, 5 zit. n. Leonhardt 2002, S. 62) Durch die zunehmende Lärmbelästigung und das veränderte Freizeitverhalten ist mit einer Zunahme der Anzahl der Hörgeschädigten in Zukunft zu rechnen. Der deutsche Schwerhörigenbund hat in Deutschland schon 1997 von einer Anzahl von 14 Millionen Hörgeschädigten gesprochen, dabei ist etwa die Hälfte im Erwerbsalter und 45% sind über 60 Jahre alt. Nur 4% sind im Kindes- oder Jugendalter (vgl. Leonhardt 2002, S. 62, 63).

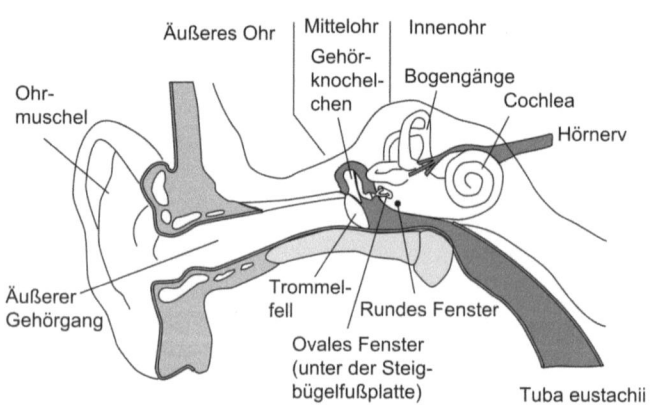

Abbildung 2: Das menschliche Ohr

Hörschädigungen sind daher keine seltene Ausnahme und sie verdienen mehr Beachtung (vgl. Leonhardt 2002, S.

36

64).
Für ein besseres Verständnis möchte ich nun die Anato-
mie des Ohres und die Physiologie des Hörens beschreiben.

Beim Ohr unterscheidet man das äußere Ohr, das Mittelohr und das Innenohr. Das äußere Ohr besteht aus der
Ohrmuschel und dem Gehörgang und es wird durch das
Trommelfell begrenzt. Dies ist eine Membran aus Haut,
die einen Durchmesser von 9-11 Millimeter hat. Dahinter
liegt das Mittelohr. Das Mittelohr reicht bis zum Innenohr. In ihm ist die sogenannte Paukenhöhle, der größte
Teil des Mittelohres, in dem die Gehörknöchelchen Hammer, Ambos und Steigbügel liegen. Der Hammer ist mit
dem Trommelfell verwachsen. An ihm lagert sich der
Ambosskörper an und dieser ist mit dem Steigbügel verbunden. Zwei Muskeln regulieren die Bewegungen dieser
Gehörknöchelchenkette und regulieren damit den Span-
nungszustand des Schallleitungsapparats. Von der Paukenhöhle des Mittelohres gibt es eine Verbindung in den
oberen Teil des Nasen-Rachen-Raumes, die Ohrtrompete
oder auch Eustachische Röhre genannt. Sie ist 3-4 cm
lang. Dadurch kann zwischen Mittelohr und Nasen-Ra-
chenraum ein Luftaustausch erfolgen. Im Anschluss an
das Mittelohr liegt das Innenohr. Es besteht aus zwei Teilen, dem Gleichgewichtsorgan und dem Hörorgan. Diese
beiden Organe stehen in sehr enger Beziehung zueinan-
der und reagieren auf sehr feine Druckveränderungen.
Diese Sinnesorgane sind im häutigen Labyrinth, das vom
knöchernen Labyrinth umgeben ist und aus Blasen und
Kanälen besteht. Es ist mit einer Flüssigkeit gefüllt. Das

häutige Labyrinth schwimmt auch in einer Flüssigkeit im knöchernen Labyrinth. Das Mittelstück dieses knöchernen Labyrinths ist der Vorhof, der nach vorn in die knöcherne Schnecke (Cochlea) übergeht. An der Rückwand endet der Vorhof in den knöchernen Bogengängen. An der Wand des Vorhofes sind zwei Öffnungen, das ovale Fenster und das runde Fenster. In den Bogengängen befinden sich die Sinnesepithel. Bei Bewegungen und Lageänderungen werden die Sinneszellen gereizt. Die Erregung wird dann durch den Vorhofnerv zum Gehirn weitergeleitet (vgl. Leonhardt 2002, S. 40-45).

In der häutigen Schnecke befindet sich das Cortische Organ. Dies sind die Sinnes- und Stützzellen des Hörorgans. Die Schallwellen erreichen das Hörorgan über die Ohrmuschel. Der Schall wird aufgefangen und gebündelt und gelangt zum Trommelfell. Dadurch gerät das Trommelfell in Schwingung. Über die Gehörknöchelkette des Mittelohrs werden die Schwingungen als Druckbewegung an das ovale Fenster weitergegeben. Damit wird die Flüssigkeit im Innenohr in Schwingung gebracht und in wellenartige Bewegungen versetzt. Diese mechanischen Schwingungen werden in den Sinneszellen in der Schnecke in neurale Aktivität verwandelt, indem die Nervenenden gereizt werden. Diese Nervenimpulse wandern ins Gehirn (vgl. Leonhardt 2002, S. 45-49).

Bei den Hörschäden unterscheidet man vier Arten, die Schallleitungsschwerhörigkeit, die sensorineurale Schwerhörigkeit, die kombinierte Schallleitungs-Schallempfindungsschwerhörigkeit und die Gehörlosigkeit. Bei der Schallleitungsschwerhörigkeit kann der Schall das Innenohr nicht ungehindert erreichen. Die Störung liegt im Bereich des Gehörgangs, des Trommelfells oder des Mittelohres. Dies ist meist eine Folge einer Mittelohrentzündung oder eines Infekts, der das Mittelohr geschädigt hat. Infolgedessen hören die Betroffenen leise. Hörgeräte sind hier wirksame Hilfsmittel und man kann diese Schädigung auch medizinisch therapieren (vgl. Leonhardt 2002, S. 50).

> „Schallleitungsschwerhörige, die über den vollen Sprachbesitz und die Fähigkeit zum Ergänzen und Kombinieren verfügen, sind folglich bei der Sprachwahrnehmung kaum beeinträchtigt. Anders ist es bei von Geburt an schallleitungsschwerhörigen Kindern, deren Sprache sich erst entwickeln muss. Ihre Spontansprache zeigt häufig Auffälligkeiten." (Leonhardt 2002, S. 75)

Bei der sensorineuralen Schwerhörigkeit liegt die Störung im Innenohr oder von da aus zentralwärts. Deshalb sind die höheren Frequenzen stärker betroffen. Die Lautsprache wird verzerrt wahrgenommen, da Teile des Sprachfeldes, die für das Verstehen der Sprache wichtig sind, nicht gehört werden. Daher hilft eine einfache lineare Verstärkung durch ein Hörgerät nicht. Erforderlich ist hier eine audiologische Diagnostik, eine Anpassung des Hörgerätes und ein entsprechendes Hörtraining für den Betroffenen (vgl. Leonhardt 2002, S. 51, 52).
Das ist sehr wichtig, denn durch die Verzerrung der Sprache, die sonst entsteht, kommt es zu einem Verlust an sprachlichen Merkmalen, die aber notwendig sind um die Sprache zu verstehen. Die Betroffenen sagen, dass sie

zwar hören, aber nicht verstehen. Das betrifft besonders das Hören in einer geräuschvollen Umgebung (vgl. Leonhardt 2002, S. 76).

Zum Bereich der sensorineuralen Schwerhörigkeit gehören noch zwei Hörstörungen, das Recruitment und die pathologische Verdeckung. Beim Recruitment sind die Haarzellen im Innenohr gestört. Dies führt oft zu starken Hörverlusten. Bei der pathologischen Verdeckung verschlechtert sich die Hörschwelle unter Geräuschbelastung. Der Betroffene kann damit die Sprache nicht mehr richtig verstehen (vgl. Leonhardt 2002, S. 52, 53).

Bei der kombinierten Schallempfindungsschwerhörigkeit sind die Knochenleitung und die Luftleitung beeinträchtigt. Dabei ist der Hörverlust im Bereich der Luftleitung größer (vgl. Leonhardt 2002, S. 53).

Liegt ein hochgradiger Schallempfindungsschaden vor, so bezeichnet man dies als Gehörlosigkeit. Absolut taub sind Menschen, wenn der Hörnerv oder das primäre Hörzentrum zerstört ist. Aber 98% der Gehörlosen haben noch Hörreste, mit diesen Hörresten kann die Lautsprache nicht mehr auf natürlichem Weg erlernt werden (vgl. Leonhardt 2002, S. 53, 54).

Das Ausmaß des Hörverlustes wird in Dezibel gemessen. Besteht ein Hörverlust von 20-40 Dezibel, so ist dies eine leichte Schwerhörigkeit, bei 40-60 Dezibel eine mittlere Schwerhörigkeit, bei 70-90 Dezibel eine extreme Schwerhörigkeit und über 90 Dezibel ist es Gehörlosigkeit und Taubheit (vgl. Leonhardt 2002, S. 54).

Was sind nun die Ursachen, die zu solchen Schädigungen führen? Dabei wird nach dem Zeitpunkt des Eintretens unterschieden. Es gibt erblich bedingte Hörschädigungen oder Hörschäden, die durch eine Erkrankungen der Mutter während der Schwangerschaft hervorgerufen werden. Aber auch zum Zeitpunkt der Geburt können Hörschäden durch Schädelverletzungen, Sauerstoffmangel, Neugeborenengelbsucht entstehen. Nach der Geburt können Infektionskrankheiten und Schädelverletzungen zu Hörschädigungen führen. Im Erwachsenenalter entstehen Hörschäden durch Lärm, Hörsturz und infolge des Alterns (vgl. Leonhardt 2002, S. 56, 57).

2.3.2.3 Sprachbehinderte

Um sprechen zu können bedarf es des Zusammenspiels einer Vielzahl von Organen, die in Funktionsgruppen eingeteilt werden. Man unterscheidet die Atmung, die Stimmerzeugung und die Organe der Lautbildung. Das Hauptorgan für die Atmung sind die Lungen. Für die Aktivierung der Atembewegungen gibt es Muskelgruppen außerhalb der Lunge. Zur Erzeugung der Stimme wird die Luft im Kehlkopf in Schwingung versetzt und damit werden die Klänge erzeugt. In den Hohlräumen oberhalb des Kehlkopfes wird die Artikulation erzeugt. Bei den Artikulationsorganen unterscheidet man solche, die man aktiv bewegt (Unterkiefer, Mundlippen, Zunge, Gaumensegel) und Artikulationsorgane, die nicht aktiv bewegt werden. Bei den gebildeten Buchstabenlauten unterscheidet man die Vokale und die Konsonanten. Im Kehlkopf werden im Zusammenwirken mit der Atmung die primären Klänge erzeugt. Die Vokale entstehen durch die Überformung dieser Klänge. Die Konsonanten werden gebildet, indem mit dem Luftstrom weitere Schallquellen gebildet werden

2.3 Personengruppe

(vgl. Welling 2006, S. 44, 45).

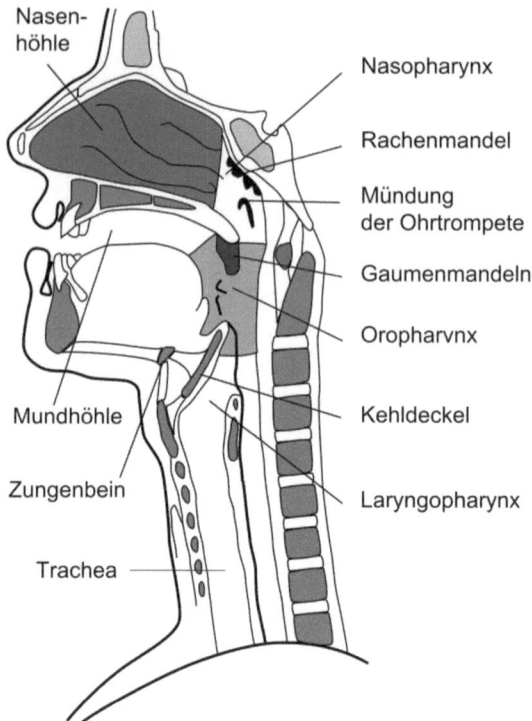

Abbildung 3: Der Rachen

Da, wie schon erwähnt, viele Organe am Vorgang des Sprechens beteiligt sind, gibt es auch eine Vielzahl an Störungen und Behinderungen. Ich möchte aber im folgenden nur die Behinderungen beschreiben, die für die beschriebene Personengruppe der behinderten Studenten zutreffen kann. Es sind dies die neurolinguistischen und die neurophonetische Sprach- und Sprechstörungen wie die Aphasie und die Entwicklungsdysarthrophonie. Als pheripher-organisch bedingte Sprach- und Sprechstörungen bezeichnet man die Lippen-Kiefer-Gaumen-Segel-Fehlbildung und die Dysgnathie. Die Dysphonie ist eine Stimmstörung und als Störungen der Redefähigkeit bezeichnet man die Logophobie und den Mutismus. Zum Schluss beschreibe ich noch die Störungen der Redegestaltung wie Stottern und Poltern.

Die neurolinguistische und neurophonetische Sprach- und Sprechstörung

Ist das Zentralnervensystem geschädigt, dann kann es zu Beeinträchtigungen der Sprach- Sprech-, Stimm- und Schluckfähigkeit kommen. Als erstes möchte ich die Aphasie beschreiben, die eine multimodale Störung des Sprachsystems ist. Man unterscheidet hier zwei Arten, die motorische Aphasie und die sensorische Aphasie. Bei der motorischen Aphasie ist die Kehlkopfmuskulatur intakt, aber der Betroffene ist nicht in der Lage zu sprechen. Bei der sensorischen Aphasie hört der Betroffene die Töne oder Geräusche, aber sie sind für ihn ohne Bedeutung (vgl. Welling 2006, S. 125, 126).
Als nächstes ist die Dysarthrophonie zu nennen. Sie ist eine Störung des Sprechens aber keine reine Artikulationsstörung, da die Resonanz, die Sprechatmung und Phonation mitbetroffen sein können. Es kommt zu Störungen in der Sprechmotorik, beim Kauen, Schlucken und in der Mimik. Beeinträchtigt ist also das Sprechen als Tätigkeit

(vgl. Welling 2006, S. 127).
Bei der Dysarthrophonie ist zwischen der Dysarthrie im
Erwachsenenalter und der Entwicklungsdysarthrophonie
im Kindesalter zu unterscheiden. Im Erwachsenenalter
gibt es erworbene neurogene Sprechstörungen, die durch
eine Hirnschädigung entstanden sind. Die Hirnschädigung kann durch einen Schlaganfall oder durch ein Schädel-Hirn-Trauma verursacht sein. Die Folge ist eine Beeinträchtigung der Steuerung und Ausführung von
Sprechbewegungen (vgl.Welling 2006, S. 138).
Die Entwicklungsdysarthrophonie im Kindesalter ist
durch eine infantile Cerebralparese (die unter der cerebralen Bewegungsstörung bereits schon beschrieben wurde)
oder eine andere neurologische Erkrankung verursacht.
Dies hat eine Störung der Sprechbewegungsausführung
zur Folge und ist eine bleibende Störung, die infolge einer Störung des Nervensystems entstanden ist (vgl. Welling 2006, S. 139-143).
Kann der Betroffene aufgrund einer solchen Störung
überhaupt nicht mehr verständlich sprechen, so wird dies
als Anarthrie bezeichnet. Es ist dabei aber nicht nur das
Sprechen gestört, sondern auch weitere Funktionen wie
Schlucken, Kauen, Saugen, der Speichelfluss und die Mimik (vgl. Welling 2006, S. 148).

Die pheripher-organisch bedingten Sprach- und Sprechstörungen

Als eine weitere Gruppe der Sprachbehinderungen sind
die pheripher-organisch bedingten Sprach- und Sprechstörungen zu nennen. Dazu gehören die Lippen-Kiefer-

44

Gaumen-Segel-Fehlbildungen. Es gibt hier viele verschiedene Formen, die während der Schwangerschaft entstehen und in ihrem Ausmaß recht unterschiedlich sein
können. Durch die veränderten organischen Bedingungen
kann die Sprechfähigkeit beeinträchtigt sein. Aber nicht
nur die Sprache ist beeinträchtigt, es können auch zahlrei-
che Folgebeeinträchtigungen vorhanden sein. Diese Fehlbildung tritt mit einer Häufigkeit von 1:500 Geburten auf
und sie gehört zu den häufigsten Fehlbildungen beim
Menschen. Heute werden diese Personen schon als Kinder operiert und auf diese Weise wird die Fehlbildung
korrigiert (vgl. Welling 2006, S. 151-153).
Aber auch eine Gebissanomalie kann zu einer Sprachstö-
rung führen. Dies wird als Dysgnathie bezeichnet.
Sprachlaute können dann nicht mehr korrekt gebildet
werden (vgl. Welling 2006, S. 155-157).

Dysphonie oder Stimmstörung

Unter einer Stimmstörung versteht man eine Beeinträchtigung des Stimmklangs oder der stimmlichen Leistungsfähigkeit einer Person. Diese Stimmstörungen können
viele verschiedene Ursachen haben. Symptome können
zum Beispiel Heiserkeit oder Wegbleiben der Stimme
sein. Bei den Stimmstörungen unterscheidet man zwischen organischen und funktionellen Stimmstörungen.
Organisch bedingte Stimmstörungen haben eine organische Ursache. Wenn eine organische Veränderung nicht
nachweisbar ist, wird die Störung als funktionell bezeichnet. Eine normal leistungsfähige Stimme, die über einen
längeren Zeitraum unökonomisch gebraucht wird, kann

2.3 Personengruppe

eine Stimmstörung auslösen, was einen organischen Schaden zur Folge haben kann (vgl. Welling 2006, S. 160-162).

<u>Störungen der Redefähigkeit</u>

Darunter werden emotionale und soziale Störungen im Gebrauch der Sprache verstanden. Organisch sind in der Regel keine Ursachen vorhanden, aber dies kann die schulischen oder beruflichen Leistungen der Betroffenen behindern.

Von Logophobie wird gesprochen, wenn eine Person unter Sprech- und Redeangst leidet und diese sich so manifestiert, dass sie unabhängig von der Redesituation vorhanden ist (vgl. Welling 2006, S. 166).

Hier ist noch der Mutismus zu nennen, bei dem die betroffenen Personen zwar die Sprache gebrauchen können, aber sie wollen nicht reden. Dies ist oft nur in bestimmten Situationen der Fall, was dann als selektiver Mutismus bezeichnet wird (vgl. Welling 2006, S. 168, 169).

<u>Störungen der Redegestaltung</u>

Die bekannteste Störung in der Redegestaltung ist das Stottern. Dabei unterscheidet man zwischen klonischem Stottern, tonischem Stottern und Parakinesen. Beim klonischen Stottern werden Laute, Silben und Wörter in rascher Folge wiederholt. Wenn es zu Verkrampfungen der Sprechmuskulatur kommt, was zu stummem oder geräuschvollem Pressen am Beginn des Wortes oder beim Weitersprechen führt, so ist dies als tonisches Stottern zu bezeichnen. Zur Überwindung der Verkrampfungen werden Mimik und Gestik mitbewegt, dies sind Parakinesen. Das Stottern beginnt bereits im Alter zwischen drei und fünf Jahren. Etwa 1% leidet unter dieser Störung in der Redegestaltung.

Eine weitere Störung ist das Poltern. Die Rede ist hier hastig und unruhig. Dadurch ist die Aussprache verwaschen und ungenau (vgl. Welling 2006, S. 171-175).

Soweit nur ein kurzer Überblick über die verschiedenen Behinderungen. Ich habe dies so beschrieben, damit der Leser eine Vorstellung davon bekommt, dass man unter einem Behinderten eben nicht nur den Menschen im Rollstuhl versteht, sondern dass Behinderung ein Sammelbegriff für viele verschiedene körperliche Gebrechen darstellt, die in Rückkoppelung auf die gesellschaftliche Reaktion zur einer Behinderung werden.

Ein weiterer wichtiger Punkt war für mich darzustellen, was für eine enorme Belastung eine Behinderung für den Betroffenen darstellen kann. Je nach Schädigung kann die Teilnahme an gesellschaftlichen Aktivitäten nicht möglich sein, er ist von vielen Dingen unseres Alltagslebens ausgeschlossen, was sich natürlich auch psychisch auswirkt. Besonders in unserer Leistungsgesellschaft ist es für Behinderte oft nicht leicht, wenn sie ein möglichst normales Leben mit eigener Familie und Berufstätigkeit führen möchten. Und das möchten die wohl die meisten, wie ich von meinen früheren Schülern erfahren habe. In bezug auf die Berufsausbildung und Berufstätigkeit ergeben sich deshalb, obwohl die Betroffenen nicht dafür verantwortlich sind, oft Hindernisse und Probleme, die behoben werden müssen um die Teilhabe an der Gesellschaft zu ermöglichen. Dazu benötigen die behinderten Menschen die Unterstützung ihres Umfeldes, damit sie ihre noch vorhandenen Ressourcen nützen und weiter entwickeln können. Das folgende Kapitel berichtet über diese Probleme.

3 Behinderung und Gesellschaft

In diesem Kapitel möchte ich nur die wichtigsten Punkte ansprechen, da eine ausführliche Darstellung zu umfangreich wäre. Wenn Interesse an weiterführenden Informationen besteht bitte ich auf die entsprechende Fachliteratur zurückzugreifen.

3.1 Die Belastung der Betroffenen

Bei der Vielzahl der möglichen Schädigungen können die Belastungen des Einzelnen recht unterschiedlich sein. Außerdem sind in diesem Zusammenhang noch weitere Faktoren zu nennen, die hier eine Rolle spielen, wie seine Persönlichkeit, sein Umfeld usw. Wenn hier also Probleme beschrieben werden, so muss das nicht generell alle Behinderten in gleichem Ausmaß betreffen, die Reaktionen sind individuell wahrscheinlich sehr verschieden.

Zunächst ist, wie schon unter Kapitel 2 in der WHO-Klassifikation erwähnt, eine Schädigung des Körpers eine Störung auf der organischen Ebene, die für den Betroffenen bemerkbar ist. Solche Beeinträchtigungen unseres Wohlbefindens lösen Reaktionen beim Betroffenen aus, die Ekman als Emotionen bezeichnet. Deshalb möchte ich mich nun erst mit den Auswirkungen im emotionalen Bereich beschäftigen.

Ekman schreibt in seinem Buch über Gefühle

„dass Emotionen Reaktionen auf Ereignisse darstellen, die für unser Wohlbefinden überaus wichtig sind, und zweitens, dass Emotionen sehr oft so rasch einsetzen, dass wir der Vorgänge in unserem Gehirn, die sie in Gang setzen, nicht gewahr werden.[1]" (Ekman 2011, S. 29)

Dabei unterscheidet er zwei Arten von Auslösern, zum einen die Ereignisse, die für alle Menschen für Wohlergehen und Überleben wichtig sind und Ereignisse, die eine emotionale Reaktion hervorrufen, die im Verlauf des Lebens erlernt wurde. Wie der Einzelne in einer Situation emotional reagiert, hat er im Verlauf seines Lebens in vielen Einzelereignissen gelernt (vgl. Ekman 2011, S. 33).

Welche Gefühle können durch eine organische Schädigung hervorgerufen werden? Sie ist der Verlust einer Funktion und kann damit Trauer auslösen. Der Verlust der Gesundheit oder der Verlust eines Körperteils oder seiner Funktion durch Unfall oder Krankheit ist ein Auslöser von Trauer, die zu den länger andauernden Emotionen gehört (vgl. Ekman 2010, S. 118,119).

„Einer Phase der hadernden Verzweiflung folgt in der Regel eine Phase resignierter Trauer, während der sich der oder die Betroffene ganz und gar hilflos fühlt, dann kehrt erneut quälende Verzweiflung zurück, wenn er oder sie realisiert, dass das Verlorene unwiederbringlich dahin ist, danach wieder Trauer, dann Verzweiflung und so fort." (Ekman 2011, S. 119)

Eine weitere Emotion, die durch eine organische Schädigung hervorgerufen werden kann ist die Angst. Dazu schreibt Ekman:

> „Ein drohender Schaden physischer oder psychischer Natur ist charakteristisch für alle Angstauslöser, für das Thema, wie für seine Variationen." (Ekman 2011, S. 212)

An anderer Stelle auf derselben Seite bemerkt er weiter:

> „Drohender physischer Schmerz ist ein nicht erlernter Angstauslöser, auch wenn wir in dem Augenblick, in dem man den Schmerz fühlt, oft gar keine Angst mehr empfunden wird." (vgl. Ekman 2011, S. 212)

Man denke in diesem Fall nur an eine bevorstehende Operation, was sehr angstauslösend sein kann oder die Vorstellung, dass sich der gesundheitliche Zustand noch weiter verschlechtert. Ich kann mich noch gut an eine meiner Schülerinnen erinnern, die schwer herzkrank war und mir berichtete, dass sie vor der geplanten Operation sehr Angst hätte. Leider ist sie dann im Rahmen dieses Eingriffs verstorben. Natürlich hatte ich viele Schüler, die operiert worden sind und für die die durchgeführte Operation eine gesundheitliche Verbesserung gebracht hat, aber wie man an dem ersten Beispiel sehen kann, sind Operationen auch immer mit einem gewissen Risiko verbunden, vielleicht sind sie deshalb auch ein nicht erlernter Angstauslöser.

Aber eine organische Schädigung, die mit Schmerzen verbunden ist, kann noch Auslöser für weitere Gefühle sein. Joachim Bauer beschreibt dazu in seinem Buch „Schmerzgrenze" den Zusammenhang zwischen körperlichen Schmerzen und Aggression.

> „Wenn die durch Schmerz hervorgerufene Aggression sich nicht gegen die Schmerzursache

selbst richten kann, dann richtet sie sich gegen beliebige, zufällig anwesende Artgenossen. Diese »Verschiebung« fand auch dann statt, wenn für die vom Schmerz Geplagten eindeutig erkennbar war, dass ihre Artgenossen keine Schuld an der Verursachung des Schmerzes hatten." (Bauer 2011, S. 49)

Schmerzen sind also ein Aggressionsauslöser. Wenn Schmerzen angedroht oder zugefügt werden, dann wird im Gehirn das Angstzentrum aktiviert. Wenn die Schmerzen stärker werden kann es zu einer Stressreaktion kommen (vgl. Bauer 2011, S. 53).

Das kann wiederum einen negativen Einfluss auf den Verlauf der Krankheit oder der organischen Schädigung haben. Bauer nennt dabei die folgenden Krankheiten, die sich dadurch verschlechtern können:

„z.B. Multiple Sklerose, rheumatoide Arthritis, Hautkrankheiten wie Schuppenflechte (Psoriasis), Herzkrankheiten inklusive Herzinfarkt, Zuckerkrankheit (Diabetes), Asthma, aber auch bestimmte Tumorerkrankungen wie Brustkrebs." (Bauer 2008, S. 31)

Aber nicht nur die körperlichen Schmerzen können ein Aggressionsauslöser sein. Auch wenn ein Mensch sozial ausgegrenzt und gedemütigt wird reagieren die Schmerzzentren des Gehirns. Das menschliche Gehirn nimmt den körperlichen und den seelischen Schmerz in ähnlicher Weise war, denn der Ausschluss aus einer Gruppe bedeutete in früheren Zeiten immer das Todesurteil (vgl. Bauer 2011, S. 59, 60).

Dies ist auch in bezug auf die Behinderten zu beachten,

da sie je nach Behinderung oft von vielen Dingen ausgeschlossen sind.

Als nächstes wäre unsere innere Einstellung zu einer organischen Schädigung oder Krankheit zu erwähnen. Joachim Grefe beschreibt in seinem Artikel über die Krankheit als eine alltägliche Gewalterfahrung die Auswirkungen von Krankheit in unserer Gesellschaft in dem Buch mit dem Titel „Gewalt und Zivilisation". Krankheiten gab es schon immer, seit es Menschen gibt. Aber in unserer Kultur ist der Körper wie ein Gebrauchsgegenstand, der unzerstörbar sein soll. Gleichzeitig wird er auch nicht weiter bemerkt, wenn er sich nicht mit irgendwelchen Bedürfnissen meldet. Aber unser Körper ist angreifbar, verletzbar und anfällig für Krankheiten (Grefe 2002, S. 431, 432).

Sind wir erst einmal krank geworden, dann sind wir der Krankheit ausgeliefert. Sie bestimmt dann unsere Alltagsgestaltung, alle anderen Ziele und Wünsche müssen zurücktreten oder können nicht mehr erreicht oder erfüllt werden, denn die Behandlung der Krankheit kommt zuerst. Wird dies nicht beachtet, dann drohen unangenehme Konsequenzen (vgl. Grefe 2002, S. 435-437).

Außerdem gerät der Kranke in die innere und äußere Rollenzuweisung als Kranker. Das hat zur Folge, dass er sich an bestimmte Regeln halten muss, er muss seine Medikamente einnehmen, Untersuchungen an sich durchführen lassen, auf die Krankheitssymptome achten, und wenn er vom Arzt krankgeschrieben ist, ist er in seiner persönlichen Freiheit eingeschränkt, denn er hat sich so zu verhalten, dass er möglichst bald wieder gesund und arbeitsfähig wird (vgl Grefe 2002, S. 439).

Früher wurde Alter, Krankheit und körperliche Beschädigung als etwas Normales angesehen, heute ist dies aber nicht mehr so. Krankheit ist nach heutiger Ansicht kein unausweichliches Schicksal mehr. Das gesellschaftliche Ideal von Gesundheit, Jugend und körperlicher Fitness wird immer mehr zu einer Norm oder Verpflichtung (Grefe 2002, S. 439, 440).

Das kann aber wieder zur psychischen Belastung des Betroffenen führen, wenn er an einer chronischen Erkrankung leidet, die durch Behandlung nicht beseitigt oder gebessert werden kann. Daher muss der Kranke auch immer in Beziehung zu seinem Umfeld gesehen werden.

3.2 Reaktionen im Umfeld

Wenn man von den Reaktionen des Umfeldes spricht, so ist zwischen dem nahen Umfeld und dem weiteren Umfeld zu unterscheiden. Diese **Reaktionen** möchte ich zunächst einmal **allgemein** beschreiben, dann folgen die Reaktionen der Eltern, der Mitarbeiter in sozialen Einrichtungen, und im weiteren Umfeld in der Schule, Hochschule, im Betrieb und in der Gesellschaft allgemein.

Wir alle haben in unseren Köpfen Vorstellungen oder innere Bilder von uns selbst, Menschenbilder (wie ein Mensch aussieht und wie er sich zu verhalten hat) und Weltbilder. Diese Bilder bestimmen nach Hüther unser Denken, Fühlen und Handeln (vgl. Hüther 2008, S. 9).

Aber nicht nur der einzelne Mensch verfügt über solche inneren Bilder, sondern die sozialen Beziehungen sind von großer Bedeutung in Bezug auf die inneren Bilder. Der Mensch lebt in Gemeinschaften, da ihm diese Sicherheit und Geborgenheit, Halt und Orientierung geben. Daher passt er sich in seinen Vorstellungen an seine Umgebung an und übernimmt die inneren Bilder seiner Mitmenschen. Dieser Anpassungsprozess wird noch dadurch unterstützt, indem Konformität mit der Gruppe belohnt wird und die abweichenden Verhaltensweisen von der Gruppe bestraft werden (vgl. Hüther 2008, S. 115).

Auch bei Eibl-Eibesfeldt wird das beschrieben. Menschen, die von der Gruppennorm in irgendeiner Weise abweichen, werden zur Zielscheibe von Aggressionen der anderen Mitglieder der Gruppe. Diese Aggression soll die Angleichung des Abweichenden bewirken oder seine Ausstoßung aus der Gruppe (vgl. Eibl-Eibesfeldt 2004, S. 411, 412).

Solche aggressiven Akte sind Auslachen, Verspotten, Klatsch und Ausschluss aus der Gemeinschaft. Das ist besonders schlimm, wenn der Betreffende nichts für die Abweichung kann, so wie das bei Behinderten der Fall ist. (vgl. Eibl-Eibesfeldt 2004, S. 448, 449).

> „Die Merkmale, die einen Menschen zum Außenseiter machen, sind einerseits verschiedene Abnormitäten des Verhaltens und Aussehens, welche man in jeder Kultur als abweichend empfinden würde; ferner bewußter oder unbewußter Verstoß gegen die Konventionen und Umgangsformen einer bestimmten Kultur. Körperliche Mängel führen dann zur Stigmatisierung, wenn sie die Person entstellen. Auf starke Ablehnung stößt auch der durch Hautkrankheiten Entstellte. Möglicher-

> weise ist der Ekel, den insbesondere Geschwüre
> auslösen, eine angeborene Reaktion, die vor An-
> steckung schützt." (Lorenz 1943, zit. n. Eibl-Ei-
> besfeldt 2004, S. 450)

Dies gilt besonders für hässliche Menschen mit entstell-
tem Gesicht, die es besonders schwer haben. Aber Ver-
trautheit kann nach Eibl-Eibesfeldt diese Meidungsten-
denzen aufheben (vgl. Eibl-Eibesfeldt 2004, S. 450).
Derselben Ansicht ist auch Ekman in seinem Buch über
Gefühle im Kapitel über Ekel und Verachtung:

> „Offenbar hat uns die Natur dahingehend ge-
> formt, dass uns der Anblick der Innereien eines
> anderen Menschen und insbesondere der Anblick
> von Blut abstößt. Diese Reaktion wird aufgeho-
> ben, wenn der Blutende kein Fremder ist, sondern
> ein Vertrauter, ein Verwandter. In diesem Fall
> sind wir motiviert, das Leiden zu lindern statt uns
> abzuwenden. Man kann sich vorstellen, dass eine
> Abneigung gegen die physischen Zeichen von
> Krankheit und Leid evolutionär von Vorteil ge-
> wesen ist, weil sie die Ansteckungsgefahr redu-
> ziert hat, freilich um den Preis unserer Fähigkeit
> zu Mitleid und Mitgefühl, zweier für den Aufbau
> einer Gemeinschaft unverzichtbarer Eigenschaf-
> ten." (Ekman 2011, S. 249)

Dies erklärt auch, weshalb sich die nahen Angehörigen
wie Eltern, Geschwister und Verwandte, Freunde und Be-
kannte gegenüber dem Behinderten nicht in Ekel abwen-
den. Ich selbst habe viele Jahre in einer Behindertenein-
richtung gearbeitet und dürfte keine Ekelreaktionen mehr
haben. Das ist aber nicht so. Ich erinnere mich noch sehr

gut an eine Fahrt im Stadtbus in Ulm, in dem auch ein Behinderter im Rollstuhl mit seinem Betreuer mitfuhr, der mir nicht persönlich bekannt war. Aufgrund seiner Behinderung hatte er wohl gespeichelt und der Betreuer hatte dies nicht entfernt. Dies hat in mir heftige Ekelreaktionen ausgelöst und ich habe mich möglichst weit davon entfernt. Es war mir auch immer sehr wichtig, wenn ich meine Schüler beim Mittagessen betreute, dass sie sich bei Tisch gut benahmen und ein sauberes Aussehen hatten. Ich habe stets versucht in diesem Sinne auf sie einzuwirken, damit sie in der Öffentlichkeit keine Ekelreaktionen hervorrufen.

Kommen wir aber zunächst zurück zu den **Eltern**. Sie haben vor der Geburt auch eine Vorstellung von ihrem Kind. Daher sind sie geschockt, haben Schuldgefühle und entwickeln Abwehrmechanismen, wenn sie feststellen müssen, dass ihr Kind nicht gesund ist. . Dies hat, wenn die Behinderung von Geburt an vorhanden ist, deutliche Auswirkungen auf die Eltern-Kind-Beziehung und damit auf die Entwicklung des behinderten Kindes, die von Anfang an damit belastet ist (vgl. Cloerkes 2001, S. 236-239).

Die nächsten Kontakte finden oft mit dem Arzt und mit den **Mitarbeitern in den sozialen Einrichtungen** statt. Gröning schreibt dazu in ihrem Buch über Pädagogische Beratung im Kapitel „Exkurs: Gewalt, Habitus und Institution":

> „Kranke, Alte, Sterbende, Verrückte und Behinderte sind Angstquellen für die Gesunden. Sie werden vermieden, nicht zuletzt, weil in der Begegnung mit ihnen, den Alten, Sterbenden, un-

heilbar Kranken Urvertrauen erschüttert wird."
(Gröning 2006, S. 97)
Das belastet die Angehörigen dieser Berufe, die mit dieser Problematik eigentlich täglich konfrontiert sind. Sie
laufen daher in Gefahr unter den Belastungen ihres Berufes auszubrennen oder auszukühlen. Das kann nur durch
gute Bindungen in der Belegschaft ausgehalten werden,
damit es nicht zu Stressreaktionen wie Grobheiten, Stren-
ge, Fehlleistungen und zu emotionaler Unberührbarkeit
kommt. In diesen Institutionen findet man oft das Ideal
der Sachlichkeit, der Patient wird zum Objekt der Behandlung, der Abläufe und der Planung (vgl. Gröning
2006, S. 98-100).
Das verändert vor allem die Patienten in Langzeiteinrich-
tungen in der Form, dass sie eine Anstaltsidentität annehmen (vgl. Gröning 2006, S. 99).
Als nächstes sind noch die **Reaktionen des weiteren
Umfeldes und der Gesellschaft** zu beschreiben.
In jeder Gesellschaft gibt es Normen. Dies sind generali-
sierte Verhaltenserwartungen, die unterschiedlich ver-
bindlich sein können. Diese Normen dienen zur Orientierung für den Umgang der Menschen miteinander und vermitteln daher Sicherheit für den Einzelnen. Je nach sozia-
ler Position, z. B. als Mutter, Student, Patient usw. sind in
bezug auf die Rollen verbindliche gesellschaftliche Verhaltenserwartungen vorhanden. Dieses Handeln nennt
man Rollenhandeln. Wenn man dagegen verstößt, wird
man je nach Situation und Rolle sanktioniert. Der behinderte Mensch ist aber anders als erwartet. Er entspricht
nicht den gesellschaftlichen Vorstellungen (vgl. Cloerkes
2001, S. 126-130).

3 Behinderung und Gesellschaft

Dabei unterscheidet Cloerkes in seinem Buch „Die Soziologie der Behinderten" zwischen der Krankenrolle und der Behindertenrolle. Der Kranke ist während der Krankheit von seinen normalen Rollenverpflichtungen befreit, er erhält als Arbeitnehmer zum Beispiel vom Arzt eine Bescheinigung, dass er für einen bestimmten Zeitraum arbeitsunfähig ist und muss dann nicht mehr arbeiten. In der Regel wird ihn dann niemand für seinen Zustand verantwortlich machen. Die Krankheit ist aber eine Abweichung und der Kranke ist verpflichtet sich zu behandeln und so zu verhalten, damit er möglichst bald wieder gesund wird. Der Kranke muss also den Arzt aufsuchen und mit ihm kooperieren (vgl. Cloerkes 2001, S. 131).
Auch der Behinderte weicht von der Norm ab. Hier noch einmal die Definition:

> „Eine **Behinderung** ist eine dauerhafte und sichtbare Abweichung im körperlichen, geistigen und seelischen Bereich, der allgemein ein entschieden negativer Wert zugeschrieben wird." (Cloerkes 2001, S. 7)

Im Gegensatz zur Krankheit ist die Behinderung dauerhaft. Unter dem Begriff der Sichtbarkeit wird auch das Wissen anderer Menschen bezüglich der Abweichung verstanden. Ein Mensch ist also behindert, wenn er sichtbar von der Norm abweicht und wenn diese Abweichung negative soziale Reaktionen hervorruft (vgl. Cloerkes 2001, S. 7).
Wer in den normativen Erwartungen abweicht, ist in unerwünschter Weise anders, er hat ein Stigma. Das heißt, er besitzt ein Merkmal, das den anderen auffällt und das zur Folge haben kann, dass man sich von ihm abwendet.

3.2 Reaktionen im Umfeld

Der Behinderte wird zwar offiziell für seine Behinderung nicht verantwortlich gemacht, und er wird von einigen normalen Verpflichtungen entbunden, aber er hat in seiner Rolle als Behinderter neue Verpflichtungen und wenige oder keine neuen Privilegien. Im Gegensatz zum Kranken wird er sigmatisiert, das heißt, es werden ihm aufgrund seiner Abweichung negative Eigenschaften zugeschrieben (vgl. Cloerkes 2001, S. 133-135).

Dies beeinflusst die Verhaltensweisen gegenüber behinderten Menschen. Typische Reaktionen sind das Anstarren und Ansprechen, diskriminierende Äußerungen, Witze, Spott, Hänseleien und Aggressivität bzw. Vernichtungstendenzen. Abgrenzungen geschehen aber auch durch Äußerungen von Mitleid, aufgedrängte Hilfe, Spenden und Scheinakzeptierung (vgl. Cloerkes 2001, S. 78).

Dabei fühlen sich die Nichtbehinderten in ihrem Verhalten verunsichert, hilflos, verlegen, angespannt, erschüttert, angeekelt, voller Unbehagen und Angst. Dies kann sich steigern bis zu hochgradiger Erregtheit. Durch diese Gefühle entstehen die beschriebenen Verhaltensweisen gegenüber den behinderten Menschen, die Distanz schaffen sollen und die Isolierung der Behinderten zur Folge haben (vgl. Cloerkes 2001, S. 78, 79).

Dabei ist aber die Behinderung nichts Absolutes, ob eine Behinderung mit den entsprechenden **sozialen Reaktionen** vorliegt und wie heftig diese sind, ist auch kulturabhängig (vgl. Cloerkes 2001, S. 8, 9).

Dazu ein Zitat aus „Einführung in die Soziologie der Behinderung" von Kastl (2010):

„Die Sozialgeschichte von Behinderung war immer auch eine Geschichte von Mord und Aussetzung, von Ausgrenzung und Infragestellung (des Wertes) von menschlichem Leben und ist es zum Teil auch noch heute." (Kastl 2010, S. 24)

Dies betrifft die sozialen Reaktionen, nicht die medizinische Problematik (vgl. Kastl 2010, S. 26).

Ein besonders schlimmes Beispiel dafür ist die Euthanasie zur Zeit des Nationalsozialismus. Kastl beschreibt dazu in seinem Buch die Entwicklung gesellschaftlicher Wertemuster vom ersten Weltkrieg bis zum Ende des Nationalsozialismus, die letztlich die Euthanasie zur Folge hatten. Ein Auslöser dieses Gedankengutes war Charles Darwin mit seinen Annahmen von einem fortwährenden, gegeneinander geführten Kampf ums Überleben. In diesem Zusammenhang waren für ihn die medizinischen Bemühungen an Kranken und Behinderten schädlich für die menschlichen „Rasse" (vgl. Bauer 2008, S. 100-102).

Durch solche Ideen entstand ein Kult von Schönheit und Gesundheit, und während des Nationalsozialismus dann infolge eine Pädagogik der Härte und Abhärtung. Im Gegensatz dazu wurden die behinderten Menschen als wertlos und unwert bewertet. Die Euthanasie, der Massenmord an behinderten Menschen war die Folge. Diese Gedanken wirkten sich noch bis in die Nachkriegsgeneration aus. Der Behinderte wird in diesem Sinn als eine Zumutung für seine Umwelt angesehen (vgl. Kastl 2010, S. 240-247).

Aber ich habe manchmal den Eindruck, dass solche Wertemuster zum Teil immer noch vorhanden sind. Ein (junger) Arzt fragte mich einmal, als ich wegen meiner chronischen Erkrankung bei ihm in Behandlung war, ob meine Anwesenheit den Kollegen in der Schule noch zuzumuten wäre. Dabei ist äußerlich bei mir nichts sichtbar. Ich denke, dahinter steht ein defizitorientiertes Denken, nicht der ressourcenorientierte Ansatz, bei dem nach den noch vorhandenen Fähigkeiten gefragt wird, um diese zu fördern.

Wie in diesem Kapitel aufgezeigt, ergeben sich für Behinderte aufgrund der nicht selbst verursachten Abweichung gravierende Probleme und Benachteiligungen. Behinderte Menschen stellen aber in der Regel für die Gesellschaft keine Gefahr dar. Sie haben daher die gleichen Rechte wie die Nichtbehinderten. Vor allem haben sie ein Recht auf Integration in die Gesellschaft. Mit diesem Thema möchte ich mich im folgenden Kapitel beschäftigen.

4 Integration

Aufgrund der Abweichung der Behinderten von den Nichtbehinderten entstehen die bereits beschriebenen Reaktionen. Diese gab es zu allen Zeiten, schon im Mittelalter wurden Menschen mit Behinderung vor die Stadttore gejagt. Heute ist vor allem in unserer Gesellschaft die Ausgrenzung und Isolation Behinderter verbreitet. Damit ist der systematische Ausschluss behinderter Menschen von Berufsrollen, dem Bildungssystem oder auch von Liebesbeziehungen gemeint (vgl. Kastl. 2010, S. 174-179).

Nach Cloerkes sind viele Behinderte wegen ihrer Behinderung unterprivilegiert. Sie sind im beruflichen und im Freizeitbereich von vielen sozial hoch bewerteten Aktivitäten ausgeschlossen, sind isoliert und werden als minderwertig angesehen (vgl. Cloerkes 2001, S. 29, 30).

Aber diese Nachteile aufgrund der Behinderung müssen ausgeglichen werden. Deshalb hat der Gesetzgeber Gesetze zum Schutz der Behinderten festgeschrieben, die ich später noch beschreiben will. Danach erhalten die Behinderten besondere Leistungen, die den Nachteil ausgleichen sollen, der durch die Behinderung entsteht (vgl. Cloerkes 2001, S. 53)

Ziel ist dabei ihre Integration in die Gesellschaft. Mit Integration ist die Gemeinsamkeit von behinderten und nichtbehinderten Menschen in allen Lebensbereichen der Gesellschaft gemeint. Nach dem deutschen Bildungsrat ist Integration ein Grundrecht im Zusammenleben der Menschen. Jeder Mensch hat darauf ein Anrecht (vgl.

Cloerkes 2001, S. 174).

Dazu schreibt Cloerkes:

> „Integration meint die Eingliederung behinderter Menschen in das soziale System Nichtbehinderter, aus dem behinderte Menschen nie vollständig ausgegliedert waren und sind. Der sich dadurch ergebende Kontakt zwischen Behinderten und Nichtbehinderten soll zum Abbau bestehender Vorurteile in einem interaktionistischen, dialektischen Prozeß genutzt werden, Nähe und Distanz ermöglichen und im wesentlichen mitleidsfreie und die behinderte Person als solche respektierende und achtende Einstellungen hervorbringen. Integration charakterisiert also insbesondere für den Behinderten einen soziokulturellen Wandel." (Cloerkes 2001, S. 175)

Ziel dieser integrativen Bemühungen ist für den Behinderten die bestmöglichste Teilhabe an der Gesellschaft der Nichtbehinderten (vgl. Cloerkes 2001, S. 176).

5 Gesetzliche Regelungen

Bei den gesetzlichen Regelungen ist zunächst einmal das Grundgesetz zu nennen. Ich zitiere daher aus dem **Grundgesetz der Bundesrepublik Deutschland**, Stand November 2012. Darin heißt es in Artikel 3 bei den Grundrechten:

> „(3) Niemand darf wegen seines Geschlechts, seiner Abstammung, seiner Rasse, seiner Sprache, seiner Heimat und Herkunft, seines Glaubens, seiner religiösen oder politischen Anschauungen benachteiligt oder bevorzugt werden. Niemand darf wegen seiner Behinderung benachteiligt werden."(Deutscher Bundestag 2012, S. 15)

Weitere Gesetze findet man im Bundessozialhilfegesetz. Darin befindet sich das **Sozialgesetzbuch (SGB), Neuntes Buch (IX)** –Rehabilitation und Teilhabe behinderter Menschen - . Teil 1 Regelungen für behinderte und von Behinderung bedrohte Menschen. Sie erhalten Leistungen, damit ihre Selbstbestimmung und gleichberechtigte Teilhabe am Leben in der Gesellschaft gefördert wird. Benachteiligungen sollen vermieden werden und es soll ihnen entgegengewirkt werden (vgl. Beck-Texte 2003, S. 161).

In Teil 2 sind besondere Regelungen zur Teilhabe schwerbehinderter Menschen (Schwerbehindertenrecht) beschrieben (vgl. Beck-Texte 2003, S. 173)

Wer sich weiter für diese Inhalte interessiert, dem möchte ich das Bundessozialhilfegesetz empfehlen. Beschrieben wird im Schwerbehindertengesetz wie die Schwerbehin-

derteneigenschaft festgestellt wird und wer laut Ausweis-
verordnung Schwerbehindertengesetz einen Schwerbehindertenausweis erhält und welche Eintragungen er enthalten kann. Im Schwerbehindertengesetz ist auch die
Beschäftigungspflicht festgehalten. Damit soll die Be-
kämpfung der Arbeitslosigkeit Schwerbehinderter geregelt werden (vgl. Cloerkes 2001, S. 44, 45).

Aber auch in den einzelnen Bundesländern gibt es Lan-
desgesetze zur Gleichstellung der behinderten Menschen.
Weiter zu erwähnen ist das **Gesetz zur Gleichstellung
behinderter Menschen** (Behindertengleichstellungsgesetz – BGG), das im Internet zu finden ist. Dies ist ein
Service des Bundesministeriums der Justiz in Zusammenarbeit mit der Juris GmbH – www.juris.de. Darin heißt es
unter §1 Gesetzesziel:

> „Ziel dieses Gesetzes ist es, die Benachteiligung
> von behinderten Menschen zu beseitigen und zu
> verhindern sowie die gleichberechtigte Teilhabe
> von behinderten Menschen am Leben in der Ge-
> sellschaft zu gewährleisten und ihnen eine selbst-
> bestimmte Lebensweise zu ermöglichen. Dabei
> wird besonderen Bedürfnissen Rechnung getra-
> gen." (BGG 2002, S. 1, 2, §1)

Weiter werden darin die Themenbereiche Barrierefreiheit
und Gebärdensprache geregelt. In § 14 ist gesetzlich verankert, dass von der Bundesregierung ein Beauftragter
für die Belange der behinderten Menschen zu bestellen
ist. Diese(r) hat darauf hinzuwirken, dass Menschen mit
Behinderung in allen Bereichen des gesellschaftlichen
Lebens gleichwertige Lebensbedingungen haben (vgl.
BGG 2002, S. 6 §15).

6 Behinderung und Studium

In diesem Kapitel möchte ich kurz die Hochschulgesetze ansprechen, die für behinderte Studierende im Rahmen ihres Studiums von Bedeutung sind.

Im **Hochschulrahmengesetz** werden die Hochschulen verpflichtet sicherzustellen, dass die behinderten Studierenden nicht benachteiligt werden (vgl. Wagner/Kaiser 2004, S. 109)

Im Internet findet man dazu unter den Seiten des Deutschen Studentenwerks – Dachverband der 58 Studentenwerke unter dem Thema „Nachteilsausgleich im Studium – gesetzliche Verankerung auf der Länderebene" – „Allgemeine Informationen" einen Hinweis auf das BGG des Bundes und das Hochschulrahmengesetz.

Im Hochschulrahmengesetz heißt es:

> „§ 2 Abs. 4 HRG: Die Hochschulen tragen dafür Sorge, dass behinderte Studierende in ihrem Studium nicht benachteiligt werden und die Angebote der Hochschule möglichst ohne fremde Hilfe in Anspruch nehmen können.
>
> § 16 Satz 4 HRG: Prüfungsordnungen müssen die besonderen Belange behinderter Studierender zur Wahrung ihrer Chancengleichheit berücksichtigen."(Deutsches Studentenwerk, aus dem Internet 27.5.2013; www.studentenwerk.de/main/?id=06405)

Zum Anspruch auf Nachteilsausgleich ist folgendes vermerkt:

> „Bis auf Baden-Württemberg haben die Länder

den Anspruch auf Nachteilsausgleich bei Prüfungen für Studierende mit Behinderung explizit in ihren Hochschulgesetzen verankert." (Deutsches Studentenwerk, aus dem Internet 27.5.13; www.studentenwerk.de/main/?id=06405)

In Baden-Württemberg fehlen im **Landeshochschulgesetz** Regelungen zu Nachteilsausgleichen bei Prüfungen. Man findet in §36 die Möglichkeit über eine Rechtsverordnung u. a. die Verlängerung von Prüfungsfristen zu regeln (vgl. Deutsches Studentenwerk, aus dem Internet 27.5.13; www.studentenwerke.de/main/default.asp?id=06405#nachteil_bawue).

Weiter sind noch die **Studien- und Prüfungsordnungen der einzelnen Hochschulen** von Bedeutung. Dabei gibt es einige Unterschiede, (wie eine Recherche im Internet ergeben hat) die ich hier an vier Beispielen kurz darstellen möchte.

Als erstes die „Allgemeinen Bestimmungen zu Studien- und Prüfungsordnungen für das Bachelor- und Masterstudium an der **Universität Ulm** (Rahmenordnung) vom 12. März 2013. Veröffentlicht in den Amtlichen Bekanntmachungen der Universität Ulm Nr. 10 vom 19.3.2013, S. 84 – 105. Dazu steht unter § 15:

„§ 15 Nachteilsausgleich
Macht ein Studierender glaubhaft, dass er wegen länger andauernder oder ständiger gesundheitlicher Beeinträchtigung bzw. Behinderung ganz oder teilweise nicht in der Lage ist, an Lehrveranstaltungen regelmäßig gemäß den Bestimmungen der FSPO teilzunehmen oder Studienleistungen und/oder Modulprüfungen ganz oder teilweise in

der vorgesehenen Form zu erbringen, legt der Fachprüfungsausschuss in Abstimmung mit dem Studierenden und den Prüfern fest, ob etwaige Fehlzeiten kompensiert werden können oder die Lehrveranstaltung wiederholt werden muss bzw. wie gleichwertige Studienleistungen und Modulprüfungen innerhalb einer verlängerten Zeit oder in anderer Form erbracht werden können. Entsprechendes gilt bei länger andauernder Krankheit des Kindes oder längerer zeitintensiver Pflege eines Angehörigen bei entsprechenden Nachweisen (z.B. fachärztliches Attest); die Entscheidung trifft der Prüfungssausschuss auf Antrag des Studierenden."

Als nächstes die „Allgemeine Prüfungs- und Studienordnung für Bachelor- und Masterstudiengänge an der **Technischen Universität München**" vom 15.Oktober 2007.

Darin findet man unter §19:

„§ 19 Nachteilsausgleich

(1) [1] Im Prüfungsverfahren ist auf die Art und Schwere einer Behinderung Rücksicht zu nehmen. [2] Macht ein Studierender glaubhaft, dass er wegen lang andauernder oder ständiger körperlicher Behinderung nicht in der Lage ist, die Prüfung ganz oder teilweise in der vorgesehenen Form abzulegen, kann dies durch entsprechende Verlängerung der Arbeitszeit oder eine andere Gestaltung des Prüfungsverfahrens ausgeglichen werden. [3] Auf Verlangen ist ein ärztliches Attest vorzulegen.

(2) Entscheidungen nach Abs. 1 trifft der zustän-

dige Prüfungsausschuss im Einvernehmen mit dem Prüfenden."

In der „Prüfungsordnung der **Universität Stuttgart** für den Bachelorstudiengang Informatik" vom 12. Juli 2012 findet sich kein Hinweis auf einen Nachteilsausgleich für behinderte Studierende. Unter § 6 Prüfungsfristen steht in Abs. 5:

„ Wer, ohne studierunfähig zu sein, wegen länger andauernder Krankheit oder wegen länger andauernder oder ständiger körperlicher Behinderung nicht in der Lage ist, die Lehrveranstaltungen regelmäßig zu besuchen oder die erwarteten Studienleistungen zu erbringen, ist berechtigt, einzelne Studien- oder Prüfungsleistungen nach Ablauf der in der Prüfungsordnung vorgesehenen Fristen abzulegen. Über die Fristverlängerung entscheidet der Prüfungsausschussvorsitzende auf Antrag der zu prüfenden Person. Fristen für Wiederholungsprüfungen und für die Orientierungsprüfung können nur um bis zu zwei Semester verlängert werden; im übrigen beträgt die Verlängerungsfrist höchstens zwei Jahre. Die zu prüfende Person hat die entsprechenden Nachweise zu führen, insbesondere ärztliche Atteste vorzulegen; in Zweifelsfällen kann die Vorlage eines Attestes eines von der Universität benannten Arztes verlangt werden. Änderungen in den Voraussetzungen sind unverzüglich mitzuteilen."

In der „Akademischen Prüfungsordnung der **Pädagogischen Hochschule Weingarten** für den Studiengang Lehramt an Werkreal- Haupt- und Realschulen" vom

22.7.2011 findet man unter § 21 Schutzbestimmungen Abs. 5, 6 den Nachteilsausgleich:

„(5) Studierende, die ohne studierunfähig zu sein, wegen länger andauernder Krankheit oder wegen länger andauernder oder ständiger körperlicher Behinderung nicht in der Lage sind, die Lehrveranstaltungen regelmäßig zu besuchen oder die erwarteten Studien- bzw. Prüfungsleistungen zu erbringen oder diese ganz oder teilweise in der vorgesehenen Form abzulegen, sind berechtigt, einzelne Studienleistungen, einzelne Prüfungsleistungen nach Ablauf der in der hierfür vorgesehenen Frist abzulegen oder gleichwertige Studien- bzw. Prüfungsleistungen in einer anderen Form zu erbringen.

Die bzw. der Studierende hat zur Wahrnehmung ihrer bzw. seiner Rechte einen Antrag beim Akademischen Prüfungsamt einzureichen. Hierbei ist anzugeben, für welchen Zeitraum eine Verlängerung der Fristen beantragt wird. Dem Antrag sind entsprechende Nachweise, insbesondere ärztliche Atteste, beizulegen. In Zweifelsfällen kann die Hochschule ein Attest einer von ihr benannten Ärztin bzw. eines von ihr benannten Arztes verlangen.

Das Akademische Prüfungsamt hat zu prüfen, ob die vorstehend genannten Voraussetzungen vorliegen und teilt das Ergebnis sowie gegebenenfalls die neu festgesetzten Prüfungsfristen der bzw. dem Studierenden unverzüglich mit.

(6) Die Berechtigung erlischt mit dem Ablauf des

Semesters, in dem die nach Abs. 3 Satz 1 bzw. Abs. 4 Satz 1 bzw. Abs. 5 Satz 1 genannten Voraussetzungen entfallen. Die bzw. der Studierende hat jeweils die entsprechenden Nachweise zu führen; sie bzw. er ist verpflichtet, Änderungen in den Voraussetzungen jeweils unverzüglich mitzuteilen.

(7) Fristen für Wiederholungsprüfungen können jeweils nur um zwei Semester gemäß den Abs. 3, 4 und 5 verlängert werden.

(8) Schutzfristen und Fristverlängerungen werden auf Antrag der Betroffenen gewährt. Über den Antrag entscheidet die Leiterin bzw. der Leiter des Akademischen Prüfungsamtes.

Wie hier zu sehen ist anhand der entsprechenden Auszüge aus den Prüfungsordnungen beziehen sich die Regelungen auf den Nachteilsausgleich für behinderte Studierende. Dieser ist Thema des folgenden Kapitels.

Bei den vorgestellten Prüfungsordnungen fällt auf, dass sie unterschiedlich formuliert sind. Dies könnte schon einen Hinweis geben, wie die Hochschule die Umsetzung des Gesetzes beabsichtigt. Es lohnt sich also ein Blick in die Prüfungsordnung bereits vor Beginn des Studiums. Man kann dann Kontakt mit dem Prüfungsamt aufnehmen und sich informieren, wie die vorhandenen Probleme gelöst werden können.

7 Der Nachteilsausgleich

7.1 Was versteht man unter einem Nachteilsausgleich?

Ein Nachteilsausgleich soll Nachteile ausgleichen, die behinderte und chronisch kranke Studierende aufgrund ihrer Krankheit und Behinderung im Vergleich mit nichtbehinderten Studierenden haben.

Behinderte Studierende haben inhaltlich dieselben Leistungen zu erbringen wie ihre nichtbehinderten Kommilitonen. Damit die Chancengleichheit gewährleistet ist, denn Studium mit Behinderung und chronischer Krankheit bedeutet einen Mehraufwand an Zeit und Energie, gibt es den Nachteilsausgleich (vgl. Infobuch für behinderte und chronisch kranke Studierende und Studieninteressierte, S. 28. Universität Heidelberg. Quelle: Internet 27.5.2013; www.uni-heidelberg.de/md/studium/kontakt/handicap/infobuch_ws 20112012.pdf)

Ein weiterer Hinweis auf den Nachteilsausgleich findet man in der Studie mit dem Titel „beeinträchtigt studieren – Datenerhebung zur Situation Studierender mit Behinderung und chronischer Krankheit 2011" Herausgeber ist das Deutsche Studentenwerk (DSW), gefördert vom Bundesministerium für Bildung und Forschung (BMBF) auf Seite 325. Darin heißt es:

„Nachteilsausgleiche sollen, insbesondere solange Barrieren eine chancengleiche gesellschaftlich ↗ Teilhabe erschweren, beeinträchtigungsbeding-

7.1 Was versteht man unter einem Nachteilsausgleich?

te Benachteiligungen individuell kompensieren. Ein Anspruch auf Nachteilsausgleich ergibt sich schon aus Artikel 3 des Grundgesetzes: *„Alle Menschen sind vor dem Gesetz gleich. (...)Niemand darf wegen seiner Behinderung benachteiligt werden."* Im Hochschulrahmengesetz heißt es: *„Sie* (gemeint sind die Hochschulen) *tragen dafür Sorge, dass behinderte Studierende in ihrem Studium nicht benachteiligt werden und die Angebote der Hochschule möglichst ohne fremde Hilfe in Anspruch nehmen können."* Studierende mit ↗ Behinderung/chronischer Krankheit benötigen Nachteilsausgleiche insbesondere beim Zugang zur Hochschule, bei der Organisation des Studiums, in Prüfungen sowie Lehr- und Lernsituationen. Die Form des Nachteilsausgleichs muss individuell verabredet werden." (Institut für Höhere Studien 2012, S. 325)

Das bedeutet, dass der Anspruch auf Nachteilsausgleich nicht nur in den Prüfungen, sondern für die gesamte Studienzeit gilt, einschließlich des Zugangs zur Hochschule. In Bezug auf die Prüfungen heißt es in der Broschüre „Studium und Behinderung Praktische Tipps und Informationen für Studieninteressierte und Studierende mit Behinderung/chronischer Krankheit" vom Deutschen Studentenwerk aus dem Jahr 2005:

„Die rechtliche Verankerung von Nachteilsausgleichen von Prüfungen ist relativ weit fortgeschritten. Und auch dort, wo sie fehlt, besteht ein Anspruch auf Nachteilsausgleich." (Deutsches Studentenwerk 2005, S. 141)

7 Der Nachteilsausgleich

Durch den Nachteilsausgleich soll es den behinderten oder chronisch kranken Studierenden ermöglicht werden bei Studier- oder Prüfungsleistungen einen gleichwertigen Leistungsnachweis zu erbringen, der in einer modifizierten Form so durchgeführt wird, dass sie aufgrund ihrer Behinderung/chronischen Erkrankung nicht benachteiligt sind. Der Nachteilsausgleich ist immer individuell und muss so gestaltet sein, dass der Nachteil auch wirklich ausgeglichen wird (vgl. Deutsches Studentenwerk 2005, S. 142).

Es hat also keinen Sinn, wenn ein Student, der aufgrund seiner Behinderung/chronischen Krankheit keine mündlichen Prüfungen ablegen kann, einen Nachteilsausgleich erhält, bei dem ihm während der mündlichen Prüfung eine „Erholungspause" von 15 Minuten gewährt wird, also die mündliche Prüfung um 15 Minuten unterbrochen werden soll.

Die Studien- und Prüfungsordnungen können also für behinderte/chronisch kranke Studenten modifiziert werden. Hier einige Vorschläge aus der Broschüre des Studentenwerks (Studium und Behinderung):

- „Schriftliche Ergänzungen mündlicher Prüfungen oder schriftliche statt mündliche Prüfung (z. B. für Studierende mit Hör- oder Sprachbehinderungen)
- Mündliche statt schriftlicher Prüfung (z. B. für blinde Studierende)
- Hausarbeit statt Referat
- Zeitverlängerungen für Hausarbeiten, Klausuren usw.
- Separater Raum bei Prüfung und/oder zu-

sätzliche Ruhepausen

- Nutzung von technischen Hilfsmitteln (z. B. Notebook)
- Nutzung personeller Hilfen (z.b. Gebärdensprachdolmetscherin)
- Berücksichtigung von Krankheitszeiten und eingeschränkter Arbeitsfähigkeit bei der Bemessung von Prüfungszeiträumen und Studienleistung (z.b. Prüfungsverlängerung bei Diplomarbeiten, Klausuren, Hausarbeiten etc.)
- Nichtberücksichtigung von krankheitsbedingten/behinderungsbedingten Prüfungsrücktritten bei der Zahl möglicher Prüfungswiederholungen
- Ersatz der Anwesenheitspflicht durch andere Leistungen (z. B. zusätzliche Hausarbeit)
- Modifikation praktischer Prüfungen durch Einsatz von Assistenzen und technischen Hilfsmitteln, u. U. Ersatz durch andere Leistungen
- Abänderung von Praktikumsbestimmungen; u. U. auch Verzicht auf Praktikumsnachweis
- Abänderung von Exkursionsbestimmungen, u. U. auch Verzicht auf Exkursionsnachweis
- Abänderung auf Anmeldeformalitäten bei der Einschreibung von Pflichtveranstal-

tungen" (Deutsches Studentenwerk 2005,
S. 143)

Aber:

„►Einen Anspruch auf eine bestimmte Form des
Nachteilsausgleichs gibt es grundsätzlich nicht.
Die Prüfungsämter haben einen weiten Ermessensspielraum bei ihren Entscheidungen." (Deutsches Studentenwerk 2005, S. 143)

7.2 Die Situation in der Praxis

Im Internet habe ich die Studie „beeinträchtigt studieren"
Datenerhebung zur Situation Studierender mit Behinderung und chronischer Krankheit 2011 gefunden.. Herausgeber ist das Deutsche Studentenwerk, Februar 2012 und
die Durchführung erfolgte durch das Institut für Höhere
Studien in Wien. In dieser Datenerhebung (beeinträchtigt
studieren) wurde in einer Befragung untersucht wie stark
sich die Beeinträchtigungen bei behinderten/chronisch
kranken Studierenden im Studium auswirken, inwieweit
Nachteilsausgleiche von Studierenden gestellt werden,
ihre Bewilligung und Wirksamkeit und der Verzicht auf
die Stellung eines Nachteilsausgleichs durch die Studierenden oder auch die Ablehnung von Nachteilsausgleichen durch die Prüfungsämter.
Diese Ergebnisse möchte ich kurz zusammengefasst vorstellen. Wer mehr Informationen dazu möchte, sie sind im
Internet unter

www.studentenwerke.de/pdf/beeintraechtigt_studieren_d
atenerhebung_01062012.pdf

zu finden.

Nach dieser Studie berichten 60% der Studierenden mit Beeinträchtigungen, dass sich dies stark oder sehr stark im Studium auswirkt. 8% der Studierenden haben einen Schwerbehindertenausweis, bezüglich der Behinderung sind dies eher Studenten, bei denen die Behinderung meist sehr schnell bemerkt wird, wie Blinde, Gehörlose oder Körperbehinderte. Am meisten beeinträchtigt sind aber während ihres Studiums Studenten mit einer psychischen Beeinträchtigung und Studenten mit einer chronisch-somatischen Erkrankung. Aber gerade bei diesen Studenten ist ihre Beeinträchtigung oft von Dritten nicht wahrnehmbar (vgl. Institut für Höhere Studien, 2012, S. 19)

Ein Antrag auf Nachteilsausgleich wird nur von jedem dritten behinderten oder chronisch kranken Studenten gestellt. Studenten, die keinen Antrag auf Nachteilsausgleich stellen sind oft über diese Möglichkeit nicht informiert oder sie wollen nicht, dass ihre Behinderung/chronische Erkrankung bekannt wird (vgl. Institut für Höhere Studien 2012, S. 159).

Mehr als die Hälfte davon gab an, dass sie keine Informationen darüber verfügten, dass es diese Möglichkeit für behinderte und chronisch kranke Studenten gibt (vgl. Institut für Höhere Studien 2012, S 159).

Eine Information an alle Studenten, die ihr Studium aufnehmen, könnte hier Abhilfe schaffen. So werden auch diejenigen Studierenden erreicht, die sich zu Beginn ihres Studiums nicht als Behinderte zu erkennen geben.

Ein Drittel der Studierenden, die keinen Antrag auf Nachteilsausgleich gestellt haben will nicht, dass ihre Beeinträchtigung bekannt wird (vgl. Institut für höhere Studien 2012, S. 159).

Hier können verschiedene Gründe vorliegen:

Zum einen ist es eine Frage des Datenschutzes. Es ist verständlich, dass man nicht so gerne Auskunft über seine gesundheitliche Verfassung geben will. Daher ist es auch im ärztlichen Attest letztlich eine Gradwanderung, wie viele Informationen herausgeben werden müssen, damit ein Nachteilsausgleich erfolgen kann, und welche Informationen unter den Bereich des Datenschutzes fallen. Das wird auch je nach Behinderung und chronischer Krankheit verschieden sein.

Auf der anderen Seite besteht die Gefahr der Stigmatisierung, wenn die Behinderung bekannt wird.

Die WHO unterscheidet in ihrem dreistufigen Modell aus dem Jahr 1980 drei Komponenten des Begriffes der Behinderung: die Schädigung, die Behinderung oder Fähigkeitsstörung und die Benachteiligung. Unter Benachteiligung versteht man dabei die möglichen sozialen Folgen der Schädigung oder Behinderung. Damit ist die Benachteiligung gesellschaftlich-kulturell bedingt. Diese soziale Benachteiligung kann sich in den unterschiedlichen Lebensbereichen des Betroffenen auswirken (vgl. Fries 2005, S. 23, 24).

Es kann zu der bereits erwähnten Stigmatisierung kommen.

> „Unter »Stigmata« sind grundsätzlich in Gesellschaften in Umlauf befindliche Wissensbestände über Personen und Personengruppen zu verstehen, "von denen angenommen wird, von den ge-

> rade geltenden Normalitätsvorstellungen in einer nicht mehr tolerierbaren, persönlich anzulasten-den Weise abzuweichen."[99]

(Forster 2002, S. 68)

Ein gesellschaftliches Stigma betrifft eine Personengruppe und ist ein kollektives Stigma. Die betroffenen Personen fallen dann unter eine Kategorie (die Behinderten usw.) und werden dann typisiert (vgl. Forster 2002, S. 68).

> „Die Folge von Stigmatisierung ist in der Regel eine soziale Distanz im Sinne von Interaktions-verweigerung. Die Bereitschaft zur Abgrenzung und Diskriminierung wird dadurch verstärkt. Dazu gehört, dass Stigmatisierung ein sich selbst verstärkender Prozess ist. Eine Person, die als stigmatisiert identifiziert wird, wird in allem Verhalten und in ihrer ganzen Erscheinung im Sinne des Stigmas interpretiert, so dass alle ihre Aktivitäten von vorneherein unter dem Horizont des Stigmas erfahren werden. Sie wird also nicht mehr ausgeschlossen, weil sie sich anders und »fremd« verhält, sondern sie wird als sich anders und »fremd« verhaltend erlebt, weil sie ausgeschlossen worden ist." (Forster 2002, S. 68, 69)

Dies ist eine Form von Ächtung. Stigmatisierte Personen werden daher aufgrund dieser Ächtung als nicht kommunikations- oder diskursfähig betrachtet, eine Auseinandersetzung mit ihren Wünschen, Meinungen und Stellungnahmen erscheint als nicht nötig (vgl. Forster 2002, S. 69).

Goffman unterscheidet drei Arten von Stigmata. Unter

dem ersten Typ versteht er alle sichtbaren Deformationen des Körpers, dazu gehören die Körperbehinderungen. Unter den zweiten Typ gehören bei ihm die Lernbehinderten und die Geistigbehinderten, Suchtkranke, Homosexuelle, Arbeitslose, Selbstmordversuche und politisch Radikale. Die dritte Gruppe von Stigmata betrifft die Rasse, die Nationalität und die Religion (vgl. Forster 2002, S. 78).

Dabei ist je nach Behinderung und chronischer Krankheit die Gefahr einer Stigmatisierung unterschiedlich hoch.

Es ist durchaus nachvollziehbar, dass die behinderten und chronisch kranken Studenten auf eine solche Bewertung durch die Gesellschaft verzichten möchten.

Daher ist es auch verständlich, dass die meisten Nachteilsausgleiche von körperbehinderten und mehrfachbehinderten Studenten gestellt werden (83%), denn bei ihnen ist die Behinderung ohnehin sichtbar. Von diesen gestellten Nachteilsausgleichen werden 64% bewilligt (vgl. Institut für Höhere Studien 2012, S. 159).

Dazu ist weiter zu bemerken:

> „Es ist nicht allein von Bedeutung, ob ein gestellter Antrag auf Nachteilsausgleich bewilligt wird. Für Studierende mit Beeinträchtigung ist es entscheidend, dass der verabredete Nachteilsausgleich auch wirksam ist." (Institut für Höhere Studien 2012, S. 177)

Anders ist die Situation der chronisch kranken Studenten. Diese Erkrankungen sind oftmals nicht sichtbar. Der Vorteil dabei ist, dass Dritte den gesundheitlichen Zustand nicht automatisch erkennen können. So erfolgt auch keine Stigmatisierung. Allerdings muss man in bestimmten Situationen (wenn man aufgrund seiner Erkrankung bestimmten Anforderungen nicht gerecht werden kann) erst umständlich erläutern, welche Probleme vorhanden sind, damit ein entsprechender Nachteilsausgleich erfolgen kann (vgl. Infobuch Universität Heidelberg, Treiber/Brinken, S. 39).

Oft ist es aber auch so, das ist meine Erfahrung, dass Laien ohne spezifische medizinische Kenntnisse die Problematik nicht nachvollziehen können. Da, wie schon erwähnt, der gesundheitliche Zustand für einen Dritten nicht ohne weiteres erkennbar ist, liegt es allein an der Kommunikation, wie erfolgreich diese Angelegenheit ist. Im Idealfall kommt es dann zu einer Verständigung. Aber im Normalfall ist das nicht so, denn dieselbe Mitteilung wird in unterschiedlichen Gehirnen eine unterschiedliche Bedeutung haben. Aber diese Unterschiede werden oft nicht einmal bemerkt. Man hat zwar den Eindruck, dass man verstanden worden ist, und bemerkt die Missverständnisse nicht. Dazu schreibt Roth: „Verstehen ist die Ausnahme, Missverstehen der Normalfall – nur merken wir meist nichts davon." (Roth 2007, S. 270)
Wie schon erwähnt, wird die Verständigung in Bereichen mit einer Fachsprache besonders schwierig, wenn fachliche Kenntnisse erforderlich sind um zu verstehen. Deshalb ist es auch nicht weiter verwunderlich, dass gerade bei diesen Studierenden die Bewilligung eines Nachteilsausgleichs mit 56% am niedrigsten ist (vgl. Institut für Höhere Studien 2012, S. 159).
Zusammenfassend haben die wenigsten der Studierenden mit Behinderung oder einer chronischen Erkrankung

einen Nachteilsausgleich gestellt. Zwei Drittel derjenigen Studenten, die eine Antrag gestellt haben, konnten dadurch ihre behinderungsbedingten Probleme wenigstens teilweise ausgleichen. 7% aller gestellten Nachteilsausgleiche wurden nicht bewilligt und 2% waren nicht wirksam (vgl. Institut für Höhere Studien 2012, S. 182).

Was waren die Gründe für eine Ablehnung? 39% dieser Studenten gaben an, dass das Lehrpersonal seinen Lehrroutinen nicht ändern wollte, bei 38% wurde die vorgeschlagene Ersatzleistung nicht als vereinbar mit der Studien- oder Prüfungsordnung angesehen, und 35% dieser Studenten gaben an, dass ihre gesundheitliche Beeinträchtigung nicht als Grund für eine Abweichung von den Studienvorgaben angesehen wurde. Dabei sind 20% dieser Studierenden der Ansicht, dass das Prüfungsamt den Nachteilsausgleich nicht bewilligt hat, weil es der Ansicht war, dass dies eine Bevorzugung gegenüber den nichtbehinderten Studenten darstellen würde. 13% waren der Ansicht, dass die Ersatzleistung vom Prüfungsamt wohl als nicht gleichwertig im Vergleich mit der normalerweise zu erbringenden Leistung angesehen wurde. Bei 17% scheiterte der Antrag aus organisatorischen Gründen und 15% der Studierenden gaben fehlende Nachweise als Grund an (vgl. Institut für Höhere Studien 2012, S. 186, 187).

Im nächsten Kapitel möchte ich als Fallbeispiel aus einem Bescheid auf einen Antrag auf Nachteilsausgleich zitieren. Wie schon erwähnt wurden in der Studie 7% aller Anträge auf Nachteilsausgleich abgelehnt und 2% waren nicht wirksam. Es ist aber nicht meine Absicht irgend eine Hochschule an den „Pranger" zu stellen, das Beispiel könnte genauso ein abgelehnter Nachteilsausgleich irgendeiner anderen Hochschule sein. Vielmehr ist es für mich sehr wichtig die möglichen Folgen eines Bescheides darzustellen. Aus Erfahrungen kann man lernen und diese Arbeit ist der Versuch einen Beitrag zu leisten um die Situation der behinderten und chronisch kranken Studenten an Universitäten und Hochschulen zu verbessern.

Nebenbei ist noch anzumerken, dass die Hochschule inzwischen in ihre Prüfungsordnung einen entsprechenden Paragraphen aufgenommen hat, der die Belange der behinderten und chronisch kranken Studenten berücksichtigt und es ihnen damit auch ermöglicht Studien- oder Prüfungsleistungen in einer anderen Form zu erbringen, wenn es ihnen aufgrund ihrer Behinderung oder chronischen Krankheit nicht möglich ist die nach der Prüfungsordnung geforderten Leistungen in der vorgeschriebenen Weise zu erbringen .

Leider kann das im vorgestellten Fall aus dem Jahr 2009 keine Berücksichtigung mehr finden, denn das Studium wurde aufgrund des abgelehnten Bescheides abgebrochen, Studienleistungen bis zu diesem Zeitpunkt: Durchschnitt Note 1,3.

Ich werde im folgenden Fallbeispiel den Namen der Hochschule nicht nennen, es erfolgt also bei den Zitaten keine Quellenangabe, aber das Original des Bescheides liegt mir vor.

7.3 Fallbeispiel: Ein abgelehnter Antrag auf Nachteilsausgleich und seine Folgen

Es handelt sich um einen Widerspruchsbescheid. Beantragt worden war im ersten Antrag statt die in der Prüfungsordnung vorgesehenen mündlichen Prüfungen schriftliche Prüfungen durchzuführen. Ein Attest des Arztes lag vor, in dem die Notwendigkeit aus gesundheitlichen Gründen bestätigt wurde.

Im ersten Bescheid auf diesen Antrag heißt es:

„1. Nach jeweils 15 Minuten Prüfungszeit in den mündlichen Prüfungen in Erziehungswissenschaft von in der Regel 45 Minuten und im Wahlpflicht- und Beifach von jeweils 30 Minuten wird Ihnen eine Pause von bis zu 15 Minuten gewährt.

2. Der Prüfungszeitraum wird bei jeder mündlichen Prüfung um bis zu 15 Minuten verlängert.

Grundlage für den Bescheid ist die Prüfungsordnung des Diplomstudiengangs Erziehungswissenschaft vom 27.10.2006, in welcher keine Nachteilsausgleichsbestimmungen für Behinderte verankert sind. § 16 Satz 4 Hochschulrahmengesetz (HRG) regelt die besonderen Belange behinderter Studierender zur Wahrung ihrer Chancengleichheit bei Prüfungen. In § 36 Nr. 4 Landeshochschulgesetz (LHG) wird „die **Verlängerung von Prüfungsfristen** für Studierende mit Behinderungen" gewährt.

§ 15 Abs. 3 HRG und § 32 Abs. 3 LHG verweist

7.3 Fallbeispiel: Ein abgelehnter Antrag auf Nachteilsausgleich und seine Folgen

> darauf, dass „zum Nachweis von Studien- und Prüfungsleistungen ein Leistungspunktesystem geschaffen werden soll, das die **Gleichwertigkeit** der Prüfung gewährleistet." (Prüfungsamt XXX 2009)

Gegen diesen Bescheid wurde Widerspruch eingelegt, da eine Pause in einer mündlichen Prüfung kein Ausgleich eines Nachteils ist, wenn mündliche Prüfungen aus gesundheitlichen Gründen nicht abgelegt werden können.

Darauf im Widerspruchsbescheid:

> „ Der Widerspruch ist zulässig. Er ist aber nicht begründet. Durch den Bescheid werden Sie nicht in Ihren Rechten verletzt.
>
> Mit dem angefochtenen Bescheid ist Ihnen aufgrund des ärztlichen Attestes eine Erleichterung in den nach der Prüfungsordnung des Diplomstudienganges Erziehungswissenschaft vom 27.10.2006, zwingend vorgeschriebenen mündlichen Prüfungen gewährt worden. Sie begehren nunmehr eine andere, und zwar in der Prüfungsordnung nicht vorgesehene Prüfungsleistung, nämlich den Ersatz der mündlichen Prüfung durch eine schriftliche Leistung.
>
> Darauf gibt es keinen Anspruch. Im Gegenteil, Erleichterungen dürfen nur in der jeweils vorgeschriebenen Art der Prüfungsleistung gewährt werden. Einen Austausch sieht die Prüfungsordnung nicht vor. Auf eine **mündliche Prüfung** darf nicht verzichtet werden." (Prüfungsamt XXX, 2009)

7 Der Nachteilsausgleich

Der Bescheid kostete 60 Euro und es wurde darin auf die Möglichkeit einer Klage beim Verwaltungsgericht XXX hingewiesen, die aber nicht eingereicht wurde. Statt dessen wurde das Studium abgebrochen. Die finanziellen Möglichkeiten reichten weder dazu sich auf eine Klage einzulassen, noch das Studium an einem anderen Ort an einer anderen Hochschule weiterzuführen. Dies wäre auch mit zusätzlichen Kosten verbunden gewesen.

Auf die rechtliche Seite möchte ich hier nicht eingehen, ich bin keine Juristin. Zuerst möchte ich Spitzer zitieren aus seinem Buch „Lernen – Gehirnforschung und die Schule des Lebens":

> „Ob wir es wollen oder nicht – wir lernen immer." (Spitzer 2003, S. 19)

Was lernt man aus einem solchen Bescheid? Vielleicht, dass sich der bisherige Aufwand im Studium trotz guter Beurteilungen nicht gelohnt hat, aber dazu später.
Allerdings ist es nur schwer nachzuvollziehen, wieso eine mündliche Prüfung nicht durch eine schriftliche ersetzt werden kann. Denn Ingenkamp und Lissmann schreiben dazu im Lehrbuch der Pädagogischen Diagnostik:

> „Im heutigen Bildungssystem sind mündliche Prüfungen die am weitesten verbreitete Leistungskontrolle." (Ingenkamp/Lissmann 2005, S. 137)

Aber diese Prüfungen sind die am wenigsten erforschte Form der Leistungskontrolle. Prüfungen werden abgehalten um den Lernerfolg zu kontrollieren. Das Prüfungsritual der mündlichen Prüfung ist sehr stark Angst besetzt. Hier ergibt sich der Widerspruch, dass durch die Angst-

7.3 Fallbeispiel: Ein abgelehnter Antrag auf Nachteilsausgleich und seine Folgen

auslösung eine angemessene Leistungsmessung bei der mündlichen Prüfung verhindert wird (vgl. Ingenkamp/Lissmann 2005, S. 137, 138).

Eine mündliche Prüfung kann als Belastung empfunden werden. Dazu schreibt Bauer in „Prinzip Menschlichkeit":

> „Belastungen im zwischenmenschlichen Kontakt haben neben einer Dämpfung der Motivationssysteme immer auch eine Aktivierung von Stressgenen zur Folge. [60]" (Bauer 2008, S. 67)

Mündliche Prüfungen haben aber auch eine geringe Objektivität, Reliabilität und Validität. Interessant ist auch, dass in einer Untersuchung von Hartog und Rhodes derselbe Prüfling von unterschiedlichen Prüfern verschieden beurteilt wurde. Nach früheren Untersuchungen sind daher die mündlichen Prüfungen weder objektiv, noch zuverlässig und gültig (vgl. Ingenkamp/Lissmann 2005, S. 139).

Wer zum Beispiel an einer Störung in der Stress- und Schmerzverarbeitung leidet, für den sind mündliche Prüfungen durch die mögliche Stressbelastung ein Gesundheitsrisiko.

Hier noch meine persönliche Meinung zum Thema mündliche Prüfung: Die mündlichen Prüfungen werden meistens nicht per Video oder mit Hilfe eines Diktiergerätes aufgezeichnet, es existiert nur ein Protokoll. Im Protokoll ist der wortgenaue Prüfungsablauf aber nicht festgehalten, denn auf den Protokollanten bezogen passiert dabei folgendes: Nur ein kleiner Teil der vorhandenen Informationsmenge aus der Umwelt wird vom Gehirn weiterverarbeitet. Diese ankommende Information, also auch die Informationen, die der Prüfling während der Prüfung den Prüfern mitteilt, wird sozusagen im Gehirn der Prüfer „entkleidet" und durch deren im Gehirn vorhandenen Informationen verändert und angereichert. Die Bewertung dieser Informationen, also was davon wichtig ist oder nicht, erfolgt im Gehirn durch das limbische System, das eng mit der Gefühlwelt verknüpft ist (vgl. Vester 2007, S. 91).

Da also nicht jede aus der Umwelt eintreffende Information genutzt wird, sondern nur ein Bruchteil von ihr, wird wohl jedes Prüfungsprotokoll irgendwie lückenhaft sein (vgl. Vester 2007, S. 90).

Wenn die mündliche Prüfung nicht durch ein Medium aufgenommen wird, kann auch der Ablauf nicht mehr wortgenau rekonstruiert werden.

Deshalb findet man bei Ingenkamp/Lissmann im Lehrbuch der pädagogischen Diagnostik auch den folgenden Satz:

> „Was jedoch ohne Verlust an Information schriftlich überprüft werden kann, sollte auch schriftlich überprüft werden." (Ingenkamp/Lissmann 2005, S. 141)

Wenn schon eine mündliche Prüfung zwingend vorgeschrieben ist, dann sollte sich der Prüfer intensiv darauf vorbereiten und es sollte eine möglichst unabhängige Beurteilung durch mehrere Beurteiler erfolgen (Ingenkamp/Lissmann 2005, S. 142).

Aber auch die schriftlichen Prüfungsarbeiten kommen in der Forschung nicht viel besser weg. Sie entsprechen den Gütekriterien sozialwissenschaftlicher Messung nicht.

7.3 Fallbeispiel: Ein abgelehnter Antrag auf Nachteilsausgleich und seine Folgen

Die schriftlichen Prüfungen sind ebenfalls nicht hinreichend objektiv, zuverlässig und valide. Das Urteil über den Inhalt einer schriftlichen Prüfungsarbeit wird beeinflusst durch ihre äußere Form, die Reihenfolge der Beurteilungen und die vorhandenen Informationen über den Prüfling (vgl. Ingenkamp/Lissman 2005, S. 142, 143, 154, 155).

Immerhin sind hier dann nach der Prüfung noch Unterlagen vorhanden, denn der Prüfling hat sein Wissen in schriftlicher Form festgehalten.

Und nun zur Diagnostik im tertiären Bildungsbereich, also in den Hochschulen. Dort wird sie beim Hochschulzugang, als Beratungsdiagnostik vor und während des Studiums und zur Ermittlung des Lernerfolgs im Studium eingesetzt. Auch hier überwiegen nicht die objektiven Verfahren und die traditionellen mündlichen und schriftlichen Prüfungen nehmen auch hier den größeren Teil ein. Wenn man die Situation allerdings mit den anderen Bildungsbereichen vergleicht, so werden hier doch viel häufiger objektive Tests eingesetzt (vgl. Ingenkamp/Lissmann 2005, S. 259, 271).

Noch problematischer ist die Leistungsmessung bei Behinderten. Hier greifen nicht einmal objektive Tests, da diese zur Leistungsmessung bei Nichtbehinderten konstruiert wurden. Dies dürfte für den gesamten Bildungsbereich gelten. Haupt (1996) hat sich mit den Problemen bei der Diagnostik und Förderung körperbehinderter Kinder beschäftigt. Sie beschreibt dabei die Probleme bei der Durchführungsobjektivität von Intelligenz- und Leistungstests bei behinderten Kindern. Das Konzept der Objektivität ist nach ihrer Ansicht bei behinderten Kindern nicht mehr haltbar und muss aufgegeben werden zugunsten verantworteter Subjektivität. Dabei ist es Teil des diagnostischen Prozesses herauszufinden, was der Behinderte kann und was er nicht kann und unter welchen Bedingungen man dem Behinderten helfen kann seine Kompetenzen am besten zu zeigen (vgl. Haupt 1996, S. 33, 37).

Sonderpädagogische Diagnostik ist nach ihrer Ansicht ressourcenorientiert, sie hat die Aufgabe die vorhandenen Fähigkeiten aufzuspüren, damit in diesen vorhandenen Bereichen gezielt gefördert werden kann (vgl. Haupt 1996, S. 26).

Daher besteht im schulischen Bereich bei Problemen die Möglichkeit auf solche Gutachten zurückzugreifen um weitere Informationen zu erhalten, auch im bezug auf Nachteilsausgleiche.

Um die Probleme bei der Leistungsmessung bei Behinderten auszugleichen, gibt es den Nachteilsausgleich. Auch im GEW Jahrbuch findet man dazu Hinweise, wie dies im schulischen Bereich geregelt ist. Darin heißt es auch, dass das Anforderungsprofil im Falle eines Nachteilsausgleichs unberührt bleibt, der Nachteilsausgleich bezieht sich auf die Hilfen. Mit diesen sollen die Schüler in die Lage versetzt werden den gestellten Anforderungen zu entsprechen. Dabei kann auf die besonderen Probleme Einzelner Rücksicht genommen werden. Die Maßnahmen des Nachteilsausgleichs werden nicht im Zeugnis vermerkt, allerdings können im Zeugnis bei besonderen Problemen die Noten durch verbale Beurteilungen ergänzt werden (vgl. Rux 2011, S. 164, 165).

7.3 Fallbeispiel: Ein abgelehnter Antrag auf Nachteilsausgleich und seine Folgen

Um die geeignete Art der Leistungsmessung beim einzelnen behinderten Studenten herauszufinden, sollte unbedingt ein Gespräch mit dem Betroffenen geführt werden. Auch ein ärztliches Attest kann weitere Hinweise geben, inwieweit Einschränkungen vorhanden sind, die sich in einer Prüfung oder während des Studiums nachteilig auswirken. Dabei sollte nach meiner Meinung das Attest von einem Spezialisten für die betreffende Behinderung sein. Auch das Staatliche Gesundheitsamt holt im Rahmen einer amtsärztlichen Untersuchung Gutachten von Spezialisten ein (von einer Universitätsklinik). Sollten Zweifel bezüglich eines Attestes bestehen, oder in bezug auf die Studierfähigkeit sollte daher das Attest eines Spezialisten angefordert werden (Facharzt für die Krankheit oder Behinderung). Auf keinen Fall sollte ein Dozent oder Hochschullehrer eine Entscheidung bezüglich des Nachteilsausgleichs aufgrund seiner persönlichen Meinung fällen, indem die Beeinträchtigung nicht als Grund akzeptiert wird, obwohl ein ärztliches Attest vorhanden ist.

Auf der anderen Seite ist es sicher ratsam, wenn sich ein chronisch Kranker oder Behinderter bereits vor einem Studium auch von ärztlicher Seite eingehend beraten lässt, ob unter den gegebenen Bedingungen das geplante Studium sinnvoll und gesundheitlich zu verantworten ist, auch im Hinblick auf das Berufsziel. Anbei die Bemerkung, dass dies im vorgestellten Fallbeispiel geschehen ist. Leider ist es manchmal so, dass während der Studienzeit eine gesundheitliche Verschlechterung eintritt, (das kann der Arzt nicht immer vorher prognostizieren) und dann muss überlegt werden, auf welche Art und Weise das angestrebte Ziel noch erreicht werden kann. Das war im Fallbeispiel auch so.

Bei Vorliegen eines ärztlichen Attestes ist auch der Studierende an diese Vorgaben gebunden. Dazu heißt es in „Behindertenrecht schnell erfasst" von Eissing (2007) zu den Rechtsbeziehungen im Behandlungsverhältnis:

> „der/die leistungsberechtigte Patient/in – er/sie ist verpflichtet, alle gesundheitserhaltenden und – verbessernden Anordnungen von ärztlicher Seite zu befolgen;" (Eissing 2007, S. 111)

Dazu heißt es weiter auf Seite 25 im Kapitel zum Begriff der Krankheit:

> „**Merke:** Eine medizinische Behandlung ist bereits in dem ärztlichen Rat zu sehen, zu Hause zu bleiben und sich zu schonen." (Eissing 2007, S. 25)

Die Anweisung, dass ein chronisch Kranker oder Behinderter eine Prüfung aufgrund seines Gesundheitszustandes nur in einer bestimmten Art und Weise ablegen kann, oder eben bestimmte Prüfungen nicht auf die vorgeschriebene Art und Weise, sondern nur in anderer Form erbringen kann, dürfte dann ebenfalls Teil einer medizinischen Behandlung sein. Denn

> „Die ärztliche Behandlung umfaßt die Tätigkeit des Arztes, die zur Verhütung, Früherkennung und Behandlung von Krankheiten nach den Regeln der ärztlichen Kunst ausreichend und zweckmäßig ist." (Eissing 2007, S. 109)

Wird solch ein Attest ignoriert und von dem behinderten Studenten verlangt die Prüfung oder andere Leistungsnachweise in der vorgeschriebenen Form (nach der Prü-

7.3 Fallbeispiel: Ein abgelehnter Antrag auf Nachteilsausgleich und seine Folgen

fungsordnung) zu erbringen, so kommt das einer Ausgrenzung von der Hochschule gleich, da dann der Betroffene, korrekterweise sein Studium nur noch abbrechen kann oder sich auf dem Rechtsweg eine andere Lösung zu erstreiten, was auch nicht immer möglich oder einfach ist. Ein anderer und besserer Weg ist hier, wie schon erwähnt bei Zweifeln den Vertrauensarzt der Hochschule einzuschalten oder ein Fachgutachten anzufordern, was im Ausnahmefall auch über das staatliche Gesundheitsamt erfolgen kann, damit die Situation geklärt werden kann.

Die Folgen einer Ausgrenzung (Abbruch des Studiums) können gravierend sein.

> „Die Schmerzgrenze wird »aus Sicht des Gehirns« keineswegs nur dann überschritten, wenn Menschen physischer, also körperlicher Schmerz zugefügt wird. Die Schmerzzentren des Gehirns reagieren auch dann, wenn Menschen sozial ausgegrenzt oder gedemütigt werden." (Bauer 2011, S. 58, 59)

Ausgrenzung wird vom Körper neurobiologisch als Schmerz erlebt und führt zu einer messbaren biologischen Stressreaktion (vgl. Bauer 2008, S. 80, 81).

Außerdem schreibt Bauer in Prinzip Menschlichkeit (2008):

> „Die Motivationssysteme schalten ab, wenn keine Chance auf soziale Zuwendung besteht, und sie springen an, wenn das Gegenteil der Fall ist, wenn also Anerkennung oder Liebe im Spiel ist. Unabhängig von neurobiologischen Studien ist

94

aus Verhaltensbeobachtungen und psychologischen Untersuchungen seit längerem bekannt, dass soziale Isolation oder Ausgrenzung, wenn sie über lange Zeit anhält, zu Apathie und zum Zusammenbruch jeglicher Motivation führt. [21]" (Bauer 2008, S. 37, 38)

Roth schreibt in seinem Buch „Persönlichkeit, Entscheidung und Verhalten" über das zerebrale Belohnungs- und Belohnungserwartungssystem. Unsere Entscheidungen haben überwiegend das Ziel, Lust (Belohnung) zu suchen und Unlust zu vermeiden. Bei jeder Entscheidung erfolgt eine Abschätzung der Gewinn- und Verlustaussichten. Dabei werden die Risiken und Investitionen und der voraussichtliche Handlungserfolg bewertet (vgl. Roth 2007, S. 149, 150).

Roth schreibt weiter über den Fall, wenn die Belohnung ausbleibt:

„Oder (3) die Belohnung fällt geringer aus, als erwartet, oder bleibt ganz aus. Dann ist das Abweichungssignal negativ, die Neurone in den genannten Arealen werden in ihrer Aktivität zusätzlich gehemmt und es tritt unter Umständen noch eine Meldung aus der Amygdala auf." (Roth 2007, S. 154)

Wenn wir nun eine Tätigkeit ausführen (studieren), von der wir uns eine Belohnung (der erwartete erfolgreiche Abschluss des Studiums) erhoffen, und diese trifft trotz intensiver Bemühung und bisher guter Noten nicht ein, dann ist das Abweichungssignal negativ (Enttäuschung macht sich breit). Dann wird, so wie einige Forscher herausgefunden haben, die Amygdala und der insuläre Cor-

7.3 Fallbeispiel: Ein abgelehnter Antrag auf Nachteilsausgleich und seine Folgen

tex aktiviert, die auch mit der Schmerzwahrnehmung befasst sind (vgl. Roth 2007, S. 153).

Die Amygdala, auch „Mandelkern" genannt, wird als Zentrum der furcht- und angstgeleiteten Verhaltensbewertung angesehen. Sie spielt eine zentrale Rolle bei der Entstehung negativer oder stark bewegender Emotionen, aber auch beim emotionalen Lernen (vgl. Roth 2007, S. 46).

Es kommt zu einer biologischen Stressreaktion, die zu stressinduzierten Erkrankungen führen kann (vgl. Hüther 2007, S. 39).

Und nun nach meiner Meinung noch ein paar Worte zu den Kosten. Ein Studium kostet Geld, für den Staat und für den Studenten. Ein Gerichtsverfahren kostet ebenfalls Geld, das derjenige bezahlen muss, der es verliert, in diesem Fall entweder der Student oder es muss sozusagen aus Steuermitteln finanziert werden. Man sollte also darauf bedacht sein, dass Gelder (ganz gleich aus welcher Quelle) nicht unnütz ausgegeben werden. Schon aus diesem Grund halte ich es für wichtig, dass es verhindert wird, dass ein Studium trotz guter Leistungen wegen einem abgelehnten Nachteilsausgleich abgebrochen werden muss oder gar noch ein Gerichtsverfahren stattfindet, damit der Betroffene seine Prüfungen ablegen kann. Zumal ein Gerichtsverfahren das Studium verlängert und die Kosten noch weiter erhöht hätte.

Soweit zu den möglichen Folgen eines abgelehnten Nachteilsausgleiches bezogen auf das Fallbeispiel.

Zum Schluss noch eine Überlegung zum Thema Zulässigkeit von Zitaten aus behördlichen Schreiben...... in

Druckwerken, sowie im Internet:

> „Aus datenschutzrechtlicher Sicht unproblematisch ist eine wörtliche Zitierung, sofern die Textpassage keine personenbezogenen Daten enthält, also beispielsweise der Verfasser des Textes nicht namentlich genannt wird und auch sonst keine Rückschlüsse auf dessen Person möglich sind."
> (Landesbeauftragter für Datenschutz in Baden-Württemberg)

Dies sollte jede Hochschule und Universität bei der Ausstellung eines Bescheides berücksichtigen.

7.3 Fallbeispiel: Ein abgelehnter Antrag auf Nachteilsausgleich und seine Folgen

8 Die Behindertenbeauftragten

8.1 Die Behindertenbeauftragten an Universitäten und Hochschulen

Die Aufgaben der Behindertenbeauftragten sind in der Empfehlung der Hochschulrektorenkonferenz vom 3.1.1986 festgehalten:

Es handelt sich hier um komplexe Aufgabenfelder, für die ein dichtes Netz von Kooperationspartnern innerhalb und außerhalb der Hochschule erforderlich ist. Dazu ist es aber auch notwendig, dass der Behindertenbeauftragte über die erforderlichen Kenntnisse verfügt, um seine Aufgaben erfüllen zu können.

Deshalb gibt es einen Leitfaden für Beauftragte für Behindertenfragen bei Hochschulen und Studentenwerken. Dort findet man einige grundlegende Informationen und Handlungsempfehlungen zur Erleichterung dieser Aufgabe (vgl. DSW 2000, S. 44).

Darin heißt es:

„Ihre Aufgabe als Beauftragte/r für Behindertenfragen ist es u.a., an ihrer Hochschule mit den betroffenen Studierenden Kontakt aufzunehmen und sich für eine Verbesserung ihrer Situation einzusetzen." (DSW 2000, S. 44)

Dazu ist an der Hochschule eine Anlaufstelle für behinderte und chronisch kranke Studierende einzurichten. Die Hochschulleitung und die Gremien sind über die Probleme und die Situation der behinderten Studenten zu informieren. Erforderlich ist daher die Zusammenarbeit mit

8.1 Die Behindertenbeauftragten an Universitäten und Hochschulen

den entsprechenden Einrichtungen der Hochschule, damit Bedingungen geschaffen werden, die Belange der behinderten Studenten berücksichtigen. Dazu gehört auch die Anschaffung einer Grundausstattung von speziellen Hilfen für Behinderte. Der Behindertenbeauftragte wirkt bei der Beschaffung der behindertenspezifischen Ausstattung der zentralen wissenschaftlichen Dienstleistungseinrichtungen mit. Auch soll er im Bereich der Lehre Projekte anregen, in denen die Probleme behinderter Menschen aufgegriffen werden. Damit die Gebäude und Einrichtungen der Hochschule auch für die Behinderten zugänglich sind, soll er mit den dafür zuständigen Stellen zusammenarbeiten und Vorschläge dazu einbringen. Weiter ist auch die Kooperation mit den örtlichen Kommunen erforderlich, damit den betroffenen Studenten eine Teilnahme am gesellschaftlichen Leben ermöglicht wird. Kontakte mit anderen Hochschulen ermöglichen einen Erfahrungsaustausch. Dazu gehören auch die Schulungsveranstaltungen des Deutschen Studentenwerkes für die Beauftragten für Behinderungsfragen. Aber auch innerhalb der Hochschule sollen Möglichkeiten zum Informations- und Erfahrungsaustausch geschaffen werden. Auch hat der Behindertenbeauftragte an der Beratung der behinderten und chronisch kranken Studenten durch die Hochschule mitzuwirken. Eine weitere Aufgabe ist die Integration der Studenten an der Hochschule und im Hochschulumfeld (vgl. DSW 2000, S. 45-48).

Dazu heißt es weiter:

> „Eine allgemeine Handlungsanleitung zur Bewältigung Ihres Aufgabenbereiches kann es nicht ge-

ben. Sie müssen an ihrem Hochschulort prüfen, welche Möglichkeiten zur strukturellen Verbesserung der Situation behinderter und chronisch kranker Studierender zur Zeit, aber auch für die Zukunft gegeben sind, wie Sie diese am besten umsetzen können, und welche Wege Sie bei auftretenden Schwierigkeiten einzelner betroffener Studierender gehen können bzw. welche Lösungsmöglichkeiten es jeweils im Einzelfall gibt." (DSW 2000, S. 48)

Die Prüfungs- und Praktikaämter, und auch die Hochschullehrer/innen sind über Möglichkeiten und rechtliche Grundlagen von Studien- und Prüfungsmodifikationen zu informieren (vgl. DSW 2000, S. 49).

Wenn ich nun an das vorgestellte Fallbeispiel eines abgelehnten Nachteilsausgleichs denke, so ist hier festzustellen, dass diese Aufgaben von großer Bedeutung für den einzelnen behinderten oder chronisch kranken Studierenden sein können. In der zu dieser Zeit geltenden Prüfungsordnung der Hochschule war der Anspruch auf Nachteilsausgleich bei Behinderung oder/und chronischer Erkrankung nicht verankert. Es wäre nach meiner Ansicht Aufgabe der Behindertenbeauftragten gewesen das Prüfungsamt über die Möglichkeiten und rechtlichen Grundlagen von Studien- und Prüfungsmodifikationen zu informieren und rechtzeitig dafür Sorge zu tragen, dass diese Ansprüche in der Prüfungsordnung festgehalten werden. Dann hätte dieser Bescheid so nicht ausgestellt werden können. Im Fallbeispiel hatte die betroffene Studentin die Behindertenbeauftragte der Einrichtung aufgesucht und ihr die Probleme geschildert. Die Behindertenbeauftragte

8.1 Die Behindertenbeauftragten an Universitäten und Hochschulen

der Einrichtung teilte ihr darauf mit, dass es sehr schwierig werden würde eine mündliche Prüfung in eine schriftliche umwandeln zu lassen. Daraufhin wurde die Behindertenbeauftragte in dieser Angelegenheit nicht mehr eingeschaltet, denn aufgrund des Eindrucks nach dem Gespräch wurde die Einschaltung der Behindertenbeauftragten als nicht erfolgversprechend bewertet. Aufgrund des Bescheides kann auch, wie schon erwähnt, vermutet werden, dass das Prüfungsamt über die rechtlichen Grundlagen von Studien- und Prüfungsmodifikationen nicht informiert worden war, und es sich aber auch nicht von sich aus an die Behindertenbeauftragte gewandt hat. Weitere Informationen zur Durchsetzung der gesetzlichen Ansprüche hätte es sicher bei Kooperationspartnern außerhalb der Hochschule gegeben. Aber das sind eben nur Vermutungen, was tatsächlich passiert ist und wie dieser Bescheid zustande kam ist nicht bekannt. Aber wie an diesem Bescheid zu sehen ist, sind die Aufgaben des Behindertenbeauftragten sehr wichtig, seine *Kompetenz* und *Motivation* von zentraler Bedeutung in Bezug auf das erfolgreiche Ende eines Studiums trotz Behinderung oder chronischer Erkrankung.
Deshalb enthält der Leitfaden für Beauftragte für Behindertenfragen bei Hochschulen und Studentenwerken vom DSW Hinweise zu Kooperationspartnern, die den Behindertenbeauftragten bei seinen Aufgaben unterstützen können. Dazu heißt es:

> „Um die genannten Aufgaben erfolgreich bewältigen zu können ist es ratsam, von Anfang an eine Zusammenarbeit mit Kooperationspartnern in

und außerhalb der Hochschule zu suchen und aufzubauen. Gerade für neu ernannte Beauftragte für Behindertenfragen ist es zu empfehlen, sich beim Rektor/Präsidenten bzw. der Rektorin/Präsidentin sowie beim Kanzler/der Kanzlerin der Hochschule, aber auch bei sonstigen wichtigen Stellen und Institutionen in und außerhalb der Hochschule entweder persönlich oder aber in Form eines Schreibens vorzustellen und mit diesen eine enge Zusammenarbeit anzustreben. Prüfen sie auch die Möglichkeit zur Initiierung von Arbeitskreisen, in denen möglichst viele Experten und für die Belange behinderter Studierender zuständige Vertreter/innen sowie betroffene Studierende mitarbeiten sollten." (DSW 2000, S. 49, 50)

Dies ist von zentraler Bedeutung, da, wie noch zu sehen ist, ein Großteil der Behindertenbeauftragten aufgrund von ihrer beruflichen Qualifikation bezüglich dieser Aufgaben fachfremd arbeitet. Als für besonders problematisch ist es nach meiner Ansicht, wenn die Aufgaben als Behindertenbeauftragter neben der obligatorischen Tätigkeit an der Hochschule und nur für einen begrenzten Zeitraum (zum Beispiel für 2 Jahre, so wie ich es im Internet bei einer Universität gelesen habe) übernommen werden. Dann bleibt nach meiner Ansicht zu wenig Zeit um sich in diese umfangreiche Tätigkeit, die viele Fachkenntnisse erfordert einzuarbeiten. Der Behindertenbeauftragte kann so nach meiner Ansicht leicht in eine Situation geraten, die überfordert, was natürlich wieder nachteilige Auswirkungen auf die behinderten oder chronisch kranken Stu-

8.1 Die Behindertenbeauftragten an Universitäten und Hochschulen

dierenden haben kann.

Deshalb sind auch die möglichen Kooperationspartner wichtig. Dies sind Beratungseinrichtungen, die Prüfungs- und Praktikaämter, die Einrichtungen der studentischen Selbstverwaltung, Selbsthilfegruppen und Interessenge- meinschaften behinderter und nichtbehinderter Studieren- der, das Akademische Auslandsamt, die Ämter für den staatlichen Hochschulbau, die Sozialleistungsträger und Krankenkassen, die schulischen Einrichtungen für behin- derte Schüler und Schülerinnen und die Behindertenorga- nisationen auf Landes- und Bundesebene (vgl. DSW 2000, S. 50).

Bei besonderen Problemen vor Ort empfiehlt es sich, sich an die Beratungsstelle Studium und Behinderung des Deutschen Studentenwerkes zu wenden (vgl. DSW 2000, S. 50).

Um nun einen Einblick in die Praxis zu gewinnen wollte ich zunächst nur eine Befragung der Behindertenbeauf- tragten an sechs Hochschulen und Universitäten durch- führen und die Ergebnisse kurz vorstellen. Dabei ist mir aufgefallen, dass eine nicht unerhebliche Anzahl der Be- hindertenbeauftragten „fachfremd" arbeitet und diese Tä- tigkeit neben ihren anderen beruflichen Aufgaben an der Hochschulen übernommen hat. So habe ich im Internet recherchiert und dabei die Berufsangaben der Behinder- tenbeauftragten ermittelt.

Aus der Liste der Ansprechpartner/innen für Studierende mit Behinderung/chronischer Krankheit vom Deutschen Studentenwerk, die man aus dem Internet herunterladen kann, hatte ich die Kontaktadressen. Mit Hilfe der Suche in Google habe ich soweit wie möglich den Beruf (ausgeübt und Berufsausbildung) von den Behindertenbeauftragten versucht zu ermitteln. Das habe ich bei 345 Behindertenbeauftragten in der Bundesrepublik Deutschland recherchiert. Bei einigen Hochschulen war kein Behindertenbeauftragter angegeben oder er/sie war laut Liste nicht bekannt. Diese habe ich nicht berücksichtigt. Es waren also 345 Namensangaben der Behindertenbeauftragten, die ich in der Liste gefunden habe. Bei 54 konnte ich im Internet dazu keinerlei Angaben zur Berufsausbildung oder zum derzeit ausgeübten Berufsbild finden. Aber auch wenn die Berufsausbildung oder/und der ausgeübte Beruf angegeben waren, kann es natürlich sein, dass ein Teil dieser Personen bereits Erfahrungen mit den Problemen bei Behinderungen hat, zum Bespiel durch eine Tätigkeit als Zivildienstleistender oder durch ein Praktikum. Dies konnte ich natürlich nicht ermitteln, daher wurde es nicht berücksichtigt.

Als Ergebnis nun die folgende Auflistung:

Beruf	Anzahl
Tätigkeit im Bereich der Verwaltung der Hochschule	
Verwaltung	40
Sekretariat	16
Studienberater	35
Hausservice	8
Bereich Wirtschaft (BWL)	14
Bereich Volkswirtschaft	2

8.1 Die Behindertenbeauftragten an Universitäten und Hochschulen

Beruf	Anzahl
(VWL)	
Bereich Finanzwesen	3
Zwischensumme	118
Technische Wissenschaften	
Ingenieure	16
Architekten/Bauwesen	8
Zwischensumme	24
Naturwissenschaften	
Informatik	8
Mathematik	4
Biologie	4
Chemie	1
Zwischensumme	17
Geisteswissenschaften	
Theologie	9
Philosophie	5
Sprachen	7
Geschichte	5
Kunst	3
Keramik	1

8 Die Behindertenbeauftragten

Beruf	Anzahl
Gestaltung/Design	2
Musik	11
Zwischensumme	43
Humanmedizin und Gesundheitswissenschaft	
Ärzte	11
Pharmazie	1
Gerontologie	1
Pflegewissenschaft	2
REHA-Wissenschaft	7
Ernährungslehre	1
Sport	1
Zwischensumme	24
Sozialwissenschaften	
Psychologen	9
Pädagogen	10
Heil- und Sonderpädagogik	12
Sozialpädagogen	13
Rechtswissenschaft (Jura)	15
Soziologie	3
Politik	2

8.1 Die Behindertenbeauftragten an Universitäten und Hochschulen

Beruf	Anzahl
Medienwissenschaft	1
Zwischensumme	65
<u>Keine Angaben</u>	54

Dies ergibt eine Gesamtsumme von 345. Dabei kann man bei den folgenden Berufen vermuten, dass aufgrund der beruflichen Ausbildung Kenntnisse bezüglich der Probleme von Behinderten vorhanden sind, und dass diese Behindertenbeauftragten aufgrund ihres Berufes Erfahrung

■ Tätigkeit im Bereich der Verwaltung der Hochschule

■ Technische Wissenschaften

□ Naturwissenschaften

■ Geisteswissenschaften

■ Humanmedizin und Gesundheitswissenschaft

▨ Sozialwissenschaften

und Kontakt mit behinderten und chronisch kranken Menschen haben: Ärzte, Gerontologen, Pflegewissenschaftler, REHA-Wissenschaftler, Psychologen, Pädagogen, Heil- und Sonderpädagogen und Sozialpädagogen. Dies sind aber lediglich 65 der in dieser Recherche ermittelten 345 Behindertenbeauftragten. 226 haben Berufe, bei denen man annehmen kann, dass in der Ausbildung keine umfangreichen Kenntnisse über die Probleme von Behinderten vermittelt wurden.

Auch gibt es keine Ausbildung zum Behindertenbeauftragten. Wie schon erwähnt, hat das Deutsche Studentenwerk einen Leitfaden erstellt und es bietet auch Schulungsveranstaltungen an. Aber die Teilnahme ist freiwillig und ich habe keine Daten, inwieweit diese Schulungen besucht werden. Auch gibt es keine Angaben darüber ob die Tätigkeit als Behindertenbeauftragter in Vollzeit, in Teilzeit oder neben den anderen beruflichen Verpflichtungen an der Hochschule oder Universität wahrgenommen wird. Dies wird von Hochschule zu Hochschule recht unterschiedlich sein. An größeren Universitäten ist ein Team vorhanden, das sich um die Belange und Probleme der behinderten und chronisch kranken Studenten kümmert. An kleineren Hochschulen ist es wahrscheinlich ein Behindertenbeauftragter, der dies noch zusätzlich als Aufgabe übernommen hat. Aber für die anfallenden Probleme sollte man fachlich genauso kompetent sein, um sie angemessen lösen zu können.
Auch die Ausbildung zum Studienberater ist nach Wikipedia nicht geregelt. Bei der Angabe des Berufes Studienberater war die Ausbildung der Betreffenden nicht ersichtlich.
Etwas besser ist die Situation bei den Mitarbeitern des

8.1 Die Behindertenbeauftragten an Universitäten und Hochschulen

Deutschen Studentenwerkes. Hier habe ich 35 Sozialberater gefunden, die eine entsprechende Ausbildung abgeschlossen haben.

Diese Zahlen sollen nur ein vorsichtiger Hinweis sein, dass hier noch Nachholbedarf besteht. Das war für mich auch ein Grund diese Arbeit zu schreiben um damit die möglichen Probleme der behinderten und chronisch kranken Studenten darzustellen.

Natürlich lernt man auch durch die praktische Tätigkeit als Behindertenbeauftragter durch die Erfahrungen. Aber ob man in diesem Zusammenhang über die Belastung der Betroffenen Bescheid weiß und über die Reaktionen aus dem Umfeld, die ich in dieser Arbeit beschrieben habe, Kenntnisse vorhanden sind, das ist wohl nicht immer der Fall.

Wünschenswert sind gute Arbeitsbedingungen für alle Behindertenbeauftragten, denn dies wirkt sich auch auf die Betreuung der behinderten und chronisch kranken Studenten aus.

Im folgenden möchte ich noch die Ergebnisse der Befragung, die ich durchgeführt habe, kurz zusammengefasst darstellen.

8.1.1 Zusammenfassung der Ergebnisse der Befragung

Befragt wurden Behindertenbeauftragte an Universitäten und Hochschulen.

8 Die Behindertenbeauftragten

1.Wie viele behinderte Studenten studieren an ihrer Universität/Hochschule zur Zeit?
Übereinstimmend erfolgte die Auskunft, dass genaue Zahlen nicht bekannt sind.

Beispiel: Das ist ihm nicht bekannt, denn manche der Studenten teilen zwar mit, dass sie behindert sind, aber viele decken ihren Status auch nicht auf.
Es kommen aber nicht viele, gemeldet waren im letzten Jahr 4 von 7600 Studenten an der Universität. Der frühere Behindertenbeauftragte von Seiten der Universität hatte über alle Jahre hindurch in seinen Akten ungefähr 20 Fälle festgehalten. In den letzten eineinhalb Jahren gab es 7 Anfragen meist in bezug auf Barrierefreiheit.

2.Wurde ein Nachteilsausgleich bei Prüfungen beantragt?
Alle Behindertenbeauftragten bestätigten, dass Nachteilsausgleiche beantragt werden.

Beispiel: Diesen muss der Student selbst beantragen. Der Behindertenbeauftragte verweist zwar weiter, aber er hat keine Rückmeldung darüber, ob es geklappt hat.
Er verweist auf das Netzwerk von Behindertenbeauftragten bundesweit. Dadurch hat er erfahren, dass es bei LRS schwierig sein kann bezüglich des Nachteilsausgleichs. Er hat aber keine Informationen darüber ob es solche Fälle auch an der Universität gegeben hat und wie sie entschieden wurden.

3.Haben Behinderte im Bachelorstudiengang mehr Pro-

bleme?
Dazu konnten die Behindertenbeauftragten keine Auskunft geben.

Beispiel: Dazu kenne ich keine Daten, aus Erfahrung würde ich sagen, dass der Lernstress bei den Studierenden zugenommen hat, nicht sichtbare psychische Erkrankungen werden häufiger. Inwieweit dies mit der Einführung des Bachelors zusammenhängt und ob Studierende mit Behinderung hier mehr Probleme haben lässt sich schwerlich sagen. Das hat individuelle Faktoren und kann ich so pauschal nicht beantworten.

4. Ist den behinderten Studenten an der Universität ein ressourcenorientiertes Arbeiten möglich (Fähigkeiten in den Bereichen entwickeln, die nicht durch die Behinderung beeinträchtigt sind)?
Die Beantwortung dieser Frage bereitete offensichtlich die meisten Probleme. Damit war gemeint, dass schon vor Studienbeginn eine Beratung erfolgen sollte, bei der festgestellt werden sollte, welches Studienfach und damit auch Berufsziel am geeignetsten ist um die im jeweiligen Einzelfall noch vorhandenen Fähigkeiten weiter entwickeln zu können und wie dies am besten möglich ist. Im Studium sollte in diese Richtung auch eine Unterstützung erfolgen, dass gleichwertige Leistungen auf eine Art und Weise erbracht werden können, dass der Student mit Behinderung in der Lage ist seine Kompetenzen zu zeigen und nicht Anforderungen gestellt werden, die er/sie aufgrund der Behinderung nicht erfüllen kann.

Beispiel. Schwierig zu beantwortende Frage. Letztlich sollten alle Menschen ressourcenorientiert arbeiten.

5. Was ist seine Aufgabe als Behindertenbeauftragter?
Diese Frage wurde unterschiedlich ausführlich beantwortet. Übereinstimmend wurde die Vielfältigkeit der Aufgaben bestätigt und diese auch genannt.

Beispiel: Seine Aufgabe sind die sozialen Rahmenbedingungen und aber auch die Hilfs- und Kontaktfunktion. Bei studiumbezogenen Angelegenheiten ermittelt er die Ansprechpartner und bietet an bei Gesprächen im Bedarfsfall auch mitzugehen, aber es war bisher nie erforderlich. Allerdings haben die behinderten Studenten oft Ängste, wenn es darum geht die Behinderung mitzuteilen.
Hochschulen sind in ihren Standards generell ausgerichtet auf Wissenschaft und Lehre, an denen die Studenten gemessen werden. Diese sind zu erfüllen. Eine qualifizierte Beratung bei behinderten Studenten durchzuführen ist schwierig, denn die Behinderten sind an der Universität eine kleine Gruppe, deshalb ist immer eine Klärung des Einzelfalles notwendig. Es gibt auch kein standardisiertes Angebot für behinderte Studenten. Wichtig ist, dass sie sich öffnen und die Betreuer sie engagiert unterstützen sollten.
Eine Hilfe ist auf jeden Fall für den Behindertenbeauftragten die Rückgriffsmöglichkeit auf die zentrale Beratungsstelle des deutschen Studentenwerks. Dort kann er auf Informationen über ähnlich gelagerte Fälle zurück-

greifen und sich informieren.

6. Haben Sie Erfahrungen in der Arbeit mit Behinderten?
In dieser Befragung hatte nach Auskunft die Mehrzahl der Behindertenbeauftragten Erfahrungen in der Arbeit mit Behinderten, zum Teil waren Kenntnisse bereits im Rahmen der Berufsausbildung erworben worden, oder auch in der praktischen Tätigkeit als Zivildienstleistender und im Rahmen ihrer Tätigkeit als Behindertenbeauftragte/Behindertenbeauftragter.

Beispiel: Er war im Bereich der Behindertenarbeit tätig und hat daher Erfahrungen mit der Problematik.

8.2 Die Behindertenbeauftragten der Landesregierungen

Nun möchte ich zum Abschluss noch kurz die Behindertenbeauftragten der Landesregierungen erwähnen, an die sich jeder Bürger wenden kann, wenn er der Ansicht ist, dass behinderte Menschen in ihren Rechten beeinträchtigt werden. Die Aufgaben eines Behindertenbeauftragten der Landesregierung habe ich im Internet nach §15 BremBGG gefunden.

„Die beauftragte Person wirkt auf gleichwertige Lebensbedingungen für Menschen mit und ohne Behinderung in allen Bereichen des gesellschaftlichen Lebens hin. Weiter wirkt sie darauf hin, dass die Verpflichtung der Träger öffentlichen Gewalt, für die Gleichstellung behinderter Men-

schen und die Beseitigung geschlechtsspezifi-
scher Benachteiligungen behinderter Frauen zu
sorgen, in allen Bereichen des gesellschaftlichen
Lebens erfüllt wird.

Die beauftragte Person steht den Bürgerinnen
und Bürgern mit und ohne Behinderung und ihren Verbänden im Sinne einer Ombudsfunktion
als Mittler zwischen den Interessen behinderter
Menschen, Behindertenverbänden und Organisa-
tionen, die behinderte Menschen vertreten, Reha-
bilitationsträgern, Einrichtungen für behinderte
Menschen und der öffentlichen Verwaltung sowie
der Bürgerschaft (Landtag) zur Verfügung."
(Steinbrück, Landesbehindertenbeauftragter Bremen)

Die Behindertenbeauftragten der Landesregierungen sind
bei der Ausübung ihres Amtes unabhängig (Steinbrück,
Landesbehindertenbeauftragter Bremen)

Die Seite des Landesbehindertenbeauftragten von Baden-
Württemberg ist unter dem Ministerium für Arbeit und
Sozialordnung, Familie, Frauen und Senioren Ba-
den-Württemberg zu finden. Darauf heißt es:

„Der Beauftragte überwacht die Umsetzung der
Rechte von Menschen mit Behinderungen auf allen staatlichen Ebenen und fungiert zudem als
Beschwerde- und Qualitätssicherungsstelle für
behinderte Menschen und deren Verbände." (Zorell, Sozialministerium).

Hier ist also eine weitere Informationsstelle, an die man

8.2 Die Behindertenbeauftragten der Landesregierungen

sich bei Problemen wenden kann.

9 Zusammenfassung

In diesem Buch wollte ich die Situation der behinderten Studenten schildern. Man darf nicht vergessen, dass es sich hier um zum Teil gesundheitlich beeinträchtigte Menschen handelt, die arbeits- und lernwillig sind. Sie wollen nach ihrem Studium einen Beruf ausüben und damit finanziell gesehen nicht der Allgemeinheit zur Last fallen. Diese Studenten sollten daher gefördert werden, damit sie ihr Studienziel erreichen können.

Damit dies gelingen kann, auch wenn es aufgrund der Behinderung oder chronischen Erkrankung Probleme im Studium gibt, sind an den Universitäten und Hochschulen Behindertenbeauftragte, die eine zentrale Aufgabe diesbezüglich erfüllen. Sie sind die Ansprechpartner und Vermittler für die behinderten und chronisch kranken Studierenden, aber auch für die Lehrenden, die bei Problemen, die sich mit behinderten Studierenden ergeben, keine Lösung finden.

Die Behindertenbeauftragten beraten und geben Auskunft über die baulichen Bedingungen und die barrierefreie Ausstattung an der Universität oder Hochschule. Ebenso unterstützen sie bei der Beantragung von Nachteilsausgleichen vor und im Studium. Sie nehmen auf Wunsch Kontakt zu den Dozenten auf und sind aber auch Berater in allen Fragen bezüglich des Studiums.

Was sollten nun die behinderten und chronisch kranken Studenten und auch die Hochschulen unternehmen, damit diese Studenten ihr Studium erfolgreich abschließen können?

- Die angehenden Studenten sollten sich schon vor dem geplanten Studium erkundigen, ob sie den gewünschten Beruf ausüben können (Beratung beim Arbeitsamt, an der Hochschule, usw.).

- Eine Beratung durch den Arzt sollten erfolgen, in der geklärt wird, ob das geplante Studium mit den gesundheitlichen Problemen bewältigt werden kann.

- Die Studenten sollten sich bei der Hochschule oder Universität rechtzeitig über den geplanten Studiengang erkundigen (Anforderungen, Prüfungsordnung einsehen, inwieweit die gesetzlichen Vorgaben in bezug auf ein Studium mit Behinderung enthalten sind).

- Dann ist Kontakt mit dem Behindertenbeauftragten aufzunehmen und sich dort in bezug auf die spezielle Problematik beraten zu lassen.

- Sinnvoll ist auch unter Umständen ein Gespräch mit den zuständigen Dozenten.

- Bereits zu Beginn des Studiums oder schon vorher sollten möglichst viele Probleme gelöst werden.

- Beim Stellen eines Nachtragsausgleichs sollten rechtzeitig alle erforderlichen Unterlagen besorgt werden.

- Auch ein Gespräch mit dem Prüfungsamt ist sinnvoll, bei Problemen kann man den Behindertenbeauftragten um Unterstützung bitten. Der Behindertenbeauftragte kann zum Erreichen des Studienziels entscheidend beitragen.

9 Zusammenfassung

Eine Hochschule oder Universität, die sich in bezug auf die Behindertenproblematik offen zeigt, ein engagierter, kompetenter Behindertenbeauftragter, und lernwillige behinderte Studenten, die sich in Bezug auf ihre Probleme rechtzeitig informieren und nach möglichen Lösungen suchen tragen zum erfolgreichen Abschluss eines Studiums bei. Wenn alle Beteiligten kooperativ und engagiert zusammenarbeiten, dann kann ein Studium trotz Behinderung und chronischer Krankheit gelingen.

9 Zusammenfassung

10   Literatur

1. Bauer (2008): Das Gedächtnis des Körpers Wie Beziehungen und Lebensstile unsere Gene steuern München: Piper Verlag
2. Bauer (2011): Schmerzgrenze Vom Ursprung alltäglicher und globaler Gewalt München: Karl Blessing Verlag
3. Bauer (2008): Prinzip Menschlichkeit Warum wir von Natur aus kooperieren 2. Auflage München: Heyne Verlag
4. Bergeest (2006): Körperbehindertenpädagogik Studium und Praxis 3. Auflage Bad Heilbrunn: Verlag Julius Klinkhardt
5. Beck-Texte (2003): Bundessozialhilfegesetz 14. Auflage München: dtv
6. Bundesministerium der Justiz (2002): Gesetz zur Gleichstellung behinderter Menschen (Behindertengleichstellungsgesetz – BGG) www.juris.de Bundesministerium der Justiz, Juris GmbH
7. Cloerkes (2001): Soziologie der Behinderten. Eine Einführung. Unter Mitwirkung von Reinhard Markowetz. 2. Auflage Heidelberg: Universitätsverlag C. Winter
8. Deutscher Bundestag (2012): Grundgesetz für die Bundesrepublik Deutschland Berlin: Deutscher Bundestag
9. Deutsches Studentenwerk (2005): Studium und Behinderung Praktische Tipps und Informationen für Studieninteressierte und Studierende mit Be-

hinderung/chronischer Krankheit gefördert vom Bundesministerium für Bildung und Forschung 6.Auflage Quelle: Internet; 27.5.2013 www.studentenwerke.de/pdf/Studium_Behinderung_komplett.pdf

10. Deutsches Studentenwerk (DSW)(2012): beeinträchtigt studieren Datenerhebung zur Situation Studierender mit Behinderung und chronischer Krankheit 2011. Gefördert vom Bundesministerium für Bildung und Forschung (BMBF). Wien: Durchführung: Institut für höhere Studien (HS). Internet 27.5.2013; www.studentenwerke.de/pdf/beeintraechtigt_studieren_datenerhebung_01062012.pdf

11. Deutsches Studentenwerk (DSW) (2000): Leitfaden für Beauftragte für Behindertenfragen bei Hochschulen und Studentenwerken. Hg. Von der Informations- und Beratungsstelle Studium und Behinderung des DSW Bonn; www.studentenwerke.de/pdf/Leitfaden.pdf

12. Eibl-Eibesfeldt (2004): Die Biologie des menschlichen Verhaltens Grundriß der Humanetheologie 5. Auflage Vierkirchen-Pasenbach: BuchVertrieb Blank GmbH

13. Eissing (2007): Behindertenrecht schnell erfasst Berlin, Heidelberg: Springer Verlag

14. Ekman (2011): Gefühle lesen Wie Sie Emotionen erkennen und richtig interpretieren 2. Auflage Heidelberg: Spektrum Akademischer Verlag

15. Forster (2002): Von der Ausgrenzung zur Gewalt Rechtsextremismus und Behindertenfeindlichkeit

– eine soziologisch-sonderpädagogische Annäherung Bad Heilbrunn: Klinkhardt-Verlag

16. Fries (2005): Einstellungen und Verhalten gegenüber körperbehinderten Menschen 1. Auflage Oberhausen: ATHENA-Verlag

17. Gröning (2006): Pädagogische Beratung Konzepte und Positionen Wiesbaden: VS Verlag für Sozialwissenschaften

18. Haupt (1996): Körperbehinderte Kinder verstehen lernen Auf dem Weg zu einer anderen Diagnostik und Förderung Düsseldorf: Verlag Selbstbestimmtes Leben

19. Hüther (2008): Die Macht der inneren Bilder Wie Visionen das Gehirn, den Menschen und die Welt verändern. 4. Auflage Göttingen: Vandenhoeck & Ruprecht

20. Hüther (2007): Biologie der Angst Wie aus Stress Gefühle werden 8. Auflage Göttingen: Vandenhoeck & Ruprecht; www.uni-heidelberg.de/md/studium/kontakt/handicap/infobuch_ws20112012.pdf

21. INFOBUCH für behinderte und chronisch kranke Studierende und Studieninteressierte Universität Heidelberg Quelle: Internet 27.5.2013

22. Ingenkamp/Lissman (2005): Lehrbuch der Pädagogischen Diagnostik 5., völlig überarbeitete Auflage Basel, Weinheim: UTB Beltz

23. Kastl (2010): Einführung in die Soziologie der Behinderung. 1. Auflage. Wiesbaden: VS Verlag für Sozialwissenschaften

24. Leonhardt (2002): Einführung in die Hörgeschä-

digtenpädagogik. 2. Auflage München, Basel: Ernst Reinhardt Verlag

25. Roth (2007): Persönlichkeit, Entscheidung und Verhalten Warum es so schwierig ist, sich und andere zu ändern 3.Auflage Stuttgart: Klett-Cotta

26. Steinbrück: Der Landesbehindertenbeauftragte der freien Hansestadt Bremen www. behindertenbeauftragter.bremen.de/sixcms/detail.php?gsid=bremen02.c.730.de Datum 16.9.13

27. Rux (2011): GEW Jahrbuch für Lehrerinnen und Lehrer Schul- und Dienstrecht in Baden-Württemberg Stuttgart: GEW Süddeutscher Pädagogischer Verlag

28. Spitzer (2003): Lernen – Gehirnforschung und die Schule des Lebens Heidelberg Berlin: Spektrum Akademischer Verlag

29. Vester (2007): Denken, Lernen, Vergessen Was geht in unserem Kopf vor, wie lernt das Gehirn und wann läßt es uns im Stich? Aktualisierte Neuausgabe 32. Auflage München: Deutscher Taschenbuch Verlag dtv Wissen

30. Wagner/Kaiser (2004): Einführung in das Behindertenrecht Heidelberg: Springer-Verlag

31. Walthes (2005): Einführung in die Blinden- und Sehbehindertenpädagogik. 2. Auflage München, Basel: Ernst Reinhardt Verlag

32. Welling (2006): Einführung in die Sprachbehindertenpädagogik. München, Basel: Ernst Reinhardt Verlag

33. Deutsches Studentenwerk (Heruntergeladen am

27.5.2013): Nachteilsausgleich im Studium – gesetzliche Verankerung auf der Länderebene. Internet: Deutsches Studentenwerk – Dachverband der 58 Studentenwerke; www.studentenwerke.de/main/defaultt.asp? id=06405#nachteil_bawue

34. Zorell: Beauftragter der Landesregierung für die Belange von Menschen mit Behinderungen in Baden-Württemberg (Landesbehindertenbeauftragter)
www.sm.baden-wuerttemberg..de/de/Beauftragter_der_Landesregierung_fuer_die_Belange_von_Menschen_mit_Behinderungen_in_Baden-Wuerttemberg (16.9.13)

Prüfungsordnungen im Internet::

35. Ebeling (2013). Allgemeine Bestimmungen zu Studien- und Prüfungsordnungen für das Bachelor- und Masterstudium an der Universität Ulm vom 12. März 2013
www.uni-ulm.de/fileadmin/website_uni_ulm/zuv/zuv.dezII I.abt2u3/3-2oeffentlich/bekanntmachungen/2013/Rahmenordnung__zur_Ver%C3%B6ffentlichung_12.03.2013.pdf

36. Herrmann (2007): Allgemeine Prüfungs- und Studienordnung für Bachelor- und Masterstudiengänge an der Technischen Universität München 15. Oktober 2007
http://portal.mytum.de/kompass/rechtsicherheitswesen/apso

37. Ressel (2012): Prüfungsordnung der Universität Stuttgart für den Bachelorstudiengang Informatik vom 12. Juli 2012
www.uni.stuttgart.de/zv/bekanntmachungen/beka nntm_42_2012.pdf

38. Knapp (2011): Akademische Prüfungsordnung der Pädagogischen Hochschule Weingarten für den Studiengang Lehramt an Werk- Haupt- und Realschulen Fassung gemäß Senatsbeschluss vom 22.7.2011
www.ph-weingarten.de/informatik/2011_08_01_WHRS-StudO_PH_WGT_Aushang.pdf

10 Literatur

10 Literatur